U0590048

衷心感谢胡宝星爵士和胡韵琴女士
对青少年科学发现影像教育的大力支持!

编写委员会名单

主　　任：姜冬梅

副 主 任：（按姓氏笔画排序）

　　　　　吕尚伟　吕　萌　张红梅　张　波　薛建峰

委　　员：（按姓氏笔画排序）

　　　　　于洲洋　刘海鹏　吕尚伟　吕　萌　张红梅　张　波

　　　　　尚　钊　姜冬梅　郝　青　徐辰阳　梁晨昊　薛建峰

美术设计：张瑞萍

科技创新经典STEM课程

科学影像 点燃梦想

——"蓝鲸科学电影院"获奖作品评析

主编：姜冬梅　　　副主编：张红梅　　刘海鹏

人民出版社

种下一粒种子，长成一片森林

　　2006年，我受《小学生学习报》的资深作者姜冬梅博士的邀请，参与研发《青少年科学DV活动资源包》。从那一刻起，一粒梦想的种子便在姜冬梅、我及其他志同道合的中国科学微电影人心中种下了。此后十年间，我们用不同的方式播种着这份梦想。现在，诚如我们梦想的一样，这粒种子正在成长为一片森林。

　　《小学生学习报》与其说是一份报纸，不如说是一个传播教育理念、教育方法和教育精神的平台。科学微电影第一部作品一经萌生，就刊发在了《小学生学习报》上。此后，学生的几十部科学微电影作品陆续在报纸上以专版的形式刊发，成就了一个经典的品牌栏目《蓝鲸科学电影院》。2016年10月，所有在《蓝鲸科学电影院》栏目刊发过的作品都被带到美国波士顿，参加由美国青少年科学技术与工程协会（ASSET4U）、香港青少年科学院(HKYSA)主办，小学生学习报社、教育时报社、中学生数理化编辑部协办的"首届国际青少年科学发现影像大赛"，将这数年来的成果集中在国际舞台上进行了展示。这些科学微电影作品，无论是从科学意义还是从教育意义上来说，都极具价值！倘使有一天，这些小小科学微电影人中出现一位甚至数位诺贝尔奖获得者，我都丝毫不会感到惊讶，而他们发表在《小学生学习报》（全国期发行量达到300万份）上的作品，一定会是他们人生中公开发表的第一篇"论文"。同时，我更期望的是，这些作品传递的科学方法、科学态度、科学精神，能被我们的小读者、全国亿万的小学生深深地汲取。

　　我小时候最喜欢看CCTV的《动物世界》栏目，长大后又喜欢上了《Discovery》栏目，喜欢那种跟随镜头亲历观察发现的感觉。但我没有想到的是，这种用镜头去亲自观察记录科学探究过程的方法，会成为孩子们这么容易掌握和操作的学习方法，一种让他们快乐地去享受科学探究、快乐地享受成功的方法。

　　纵观人类的科学史，古往今来的科学发现，往往受限于研究的工具和手段，很多人穷其一生都在研究一个项目，绝大多数人却收获甚微。科技发展到今天，数码产品的产生和普及，加快了科学研究的速度，仿佛是把时间浓缩了，研究者可以更广泛、更高效地探索神奇的自然。

　　在编稿中我发现，科学微电影使得孩子们走进自然、走进生活、走进社会，他们在挑战中成长，面对问题勇于思考，面对困难积极想办法，面对失败永不放弃，磨炼坚韧的意志，保持乐观的心态。这些品质将使他们释放出巨大的潜能，获得驾驭自己命运的力量。时间验证了一切，这些年下来，他们的人生已经因此而改变，参与科学微电影活动的经历使他们踏上了比原有轨迹更高更远的人生平台，生命的轨迹朝着成功的方向前进。更可贵的是，学生们在探究的过程中虽然辛苦，但是他们脸上凝聚着专注的神态，品尝着科学探究的巅峰体验，体味着自我实现的快乐！经历这整体的过程后，这些小小科学微电影人表现出了一种独特的气质，阳光、快乐、自信！可以说，科学微电影活动播种下的还有快乐的种子、自信的种子。正是这样的种子，让这片森林显得更加郁郁葱葱、生机勃勃。

另外，编稿的过程，同样也是我学习成长的过程，每编一个项目，自己也获益良多。比如，刚刚编发完《大自然的裁缝》，首次认识了黄猄蚁这种缝叶蚁，还沉浸在惊叹造物主的神奇之中时，没想到第二个月，我审稿时，就遇到一位同事编发了一篇介绍黄猄蚁的稿件。我便俨然成了"专家"，对稿件提出了一些专业性的质疑和建议。术业有专攻，人不可能样样都精通，但每编发一篇科学微电影稿件，就会使我的科学素养提高一些。

欣闻《蓝鲸科学电影院》栏目的获奖作品将在人民出版社出版，作为这些作品的编辑者，我既是一位参与者，又是一位旁观者。我清晰地看到了创办人姜冬梅博士及其团队的付出，看到了每部作品里孩子们和辅导老师的付出，看到了《小学生学习报》的编辑们的付出，这里面凝结了多少人的汗水，承载了多少人对科学教育的众望，更凝结了多少人的支持和爱心！我相信，"蓝鲸科学电影院"的作品，会在广大小读者的心中，种下科学的种子，长成一片森林。

《小学生学习报》总编辑

吕　萌

2017年5月8日

目录

本书收录了专栏《蓝鲸科学电影院》已经展播的 22 部青少年科学微电影优秀作品，这些作品也是"首届国际青少年科学发现影像大赛"中的获奖作品。本书邀请 7 位专家从不同的角度分析和评价每一部作品。希望读者通过"探究故事"来了解每部作品的探究过程及结果，通过"专家点评"了解专家对每部作品的评价，从而制作出更好的科学影像作品。

蓝鲸的话

姜冬梅 博士
（专栏笔名蓝鲸博士）

南京大学博士、清华大学博士后、郑州师范学院教授、香港浸会大学访问研究员，曾担任香港金融管理学院副院长、香港宋庆龄教育学院院长、香港青少年科学院终身荣誉院长。由于在环境保护和科学教育上的突出贡献，早在 2002 年她就获得了我国第六届"地球奖"。作为环境教育专家，她的研究主要集中在"应对全球气候变化"领域，主要从事我国参与国际气候谈判的技术支撑工作，曾经到北极和南极考察。作为科学教育专家，她多次担任全国青少年科技创新大赛评委、INTEL 英才奖评委、美国 INTEL 国际科学与工程学大赛（INTEL ISEF）评委。她所带领的科学教育团队，不仅在 2006 年开发了我国第一套青少年科学影像资源包《打开 DV 学科学》，而且在 2010 年发起举办了全国青少年科学影像节，2016年发起举办了国际青少年科学发现影像大赛（中国香港 — 美国波士顿），目前此活动已经成为一项经典的青少年科技创新活动。20 多年来，她培训过的全国科技创新骨干教师数千名。她在《小学生学习报》《中学生数理化》主持专栏《蓝鲸科学电影院》，介绍和点评国际和国内青少年科学影像的优秀作品，被青少年朋友亲切地称为"蓝鲸博士"。

科学探究方面点评专家
张波 博士

美国新罕布什尔大学博士、哈佛大学博士后、哈佛大学医学院讲师、美国诺娃（OvaScience, 2015 top 50 Smartest Companies）公司研发部主任、美国青少年科学工程技术协会（ASET4U）创始人。从事疾病检测和新药开发研究，并领导数个新型药物的研发、新药的临床转化及肿瘤生物分子标记物在临床检测中的应用。目前主要致力于干细胞的临床应用和相关产品开发。在青少年科学教育上，倡导 Hands On 理念，提倡"动手动脑，知行合一"。

拍摄与剪辑方面点评专家
吕尚伟 院长

2003年创办国内第一本 DV 杂志《DV@ 时代》（现名《数码影像时代》）并任执行主编。国内首家动态数码影像技术测评中心（DV CLUB）产品测评室创立者、负责人，北京电影学院电影制作人高级研修班讲师团成员。现任北京 UGC 学院院长。2006年参与编写全国第一套青少年科学影像资源包《打开 DV 学科学》，主编《DV 技术100问》。多次担任"全国青少年科学影像节""国际青少年科学发现影像大赛"评委。作为主讲专家，培训全国科学影像骨干教师上千名。

出镜与表达方面点评专家
薛建峰 制片人

中央电视台科教频道《原来如此》栏目制片人。多年从事媒体传播的创作与管理，积累了丰富的节目策划、制作及团队管理经验，长期关注"科学影像的美学表达"这一国内前沿课题。1998年参与《走近科学》栏目创办，后创办《原来如此》栏目，在科学影像传播上积累了大量实践经验。《原来如此》栏目制作的《逃出落水车》节目获得中国广播影视大奖·第23届星光奖"电视科普节目大奖"。多次担任"全国青少年科学影像节""国际青少年科学发现影像大赛""广东省大学生科学影像节"评委。

脚本与解说词方面点评专家

尚钊 教授

　　郑州师范学院文学院教授，在文艺理论、写作理论的研究和教学方面卓有建树。我国第一套青少年科学影像资源包《打开 DV 学科学》课题组资深专家，为了解决科学教师在辅导科学影像作品上的关键难题，开创了青少年科学影像的脚本创作理论，并在实践中摸索出了一套将科学探究活动与脚本创作相磨合的方法。多次担任"全国青少年科学影像节""国际青少年科学发现影像大赛"的评委。作为主讲专家，培训全国科学影像骨干教师上千名。

STS 精神与教育意义方面点评专家

张红梅 副总编辑

　　《教育时报》副总编辑，《科学家专访》专栏资深记者，全国青少年科技创新大赛资深记者，《创新之路 —— 青少年科技创新教育活动辅导与研究》主编，大象版国家级小学《科学》教材编写组成员；中国科协"青少年科学 DV 活动资源包"项目组负责人之一，参与开发了我国第一套青少年科学影像资源包《打开 DV 学科学》，参与发起举办"全国青少年科学影像节""国际青少年科学发现影像大赛"（中国香港 — 美国波士顿），并多次担任两赛评委，培训全国青少年科学影像骨干教师上千名。

STS 精神与教育意义方面点评专家

吕萌 总编辑

　　《小学生学习报》总编辑，从事青少年教育和编辑工作20多年，积累了大量青少年成长成才的经典案例，在科学影像作品的选题和呈现方式上有着丰富的经验，坚持科学、技术与人文社会相融合的教育理念。参与开发了我国第一套青少年科学影像资源包《打开 DV 学科学》，参与发起举办"全国青少年科学影像节""国际青少年科学发现影像大赛"（中国香港 — 美国波士顿），并多次担任两赛评委。在《小学生学习报》上创办了《蓝鲸科学电影院》栏目，已经展播国际和国内优秀科学影像作品50余部。

科学影像　点燃梦想

"蓝鲸科学电影院"获奖作品评析

第一篇　关注人文社会篇

一

石拱桥

——顺德逢简水乡的灵魂

在内地观赏影片

在海外观赏影片

到过水乡的人，一定会被水乡各种各样的桥打动。梁洁茹、苏嘉欣等六位同学从小生活在岭南的逢简水乡，非常了解家乡石拱桥的历史与文化。这一次，他们要讲的是自己和石拱桥的故事，他们探究了蕴含在石拱桥中的科学内涵和工程设计原理。

蓝鲸的话

1 逢简，位于广东佛山市顺德区杏坛镇，是一处典型的岭南水乡。生活在这里的梁洁茹、苏嘉欣、崔智永、麦嘉源、赵鹏、周国铭六位同学，对当地的古桥很感兴趣，他们最想了解的是，这些古桥为什么可以屹立数百年而不倒。村里共有石拱桥、丁字桥、石板桥32座，他们决定选择其中三座最具历史价值的石拱桥，从结构和工艺特色方面来寻找答案。

2 第一座是金鳌桥。这是一座红色砂岩构筑的单孔拱桥，全长14米，宽3.05米，高3.5米，孔跨6.9米。它跨越两岸，桥面两边的阶梯对称而立，各有12级石阶。

3 他们查阅资料，了解到石拱桥是利用圆弧拱形结构，将桥身每块石头的受力转移到拱桥的桥墩，再把力进一步转移到地面上。他们和老师反复讨论，制作出了金鳌桥桥身石头的受力分析图，认为只有桥身的每块石头都受力平衡，才能保证石拱桥千年不倒。

4 第二座是花岗岩石构筑的巨济桥。它是一座典型的梁式三孔石拱桥，即由三个孔洞支撑起整个桥身，比金鳌桥的单孔结构更复杂。在尺寸上，巨济桥全长24米，顶宽4.45米，高4.1米，比金鳌桥更高、更长。桥拱为纵联砌置法，桥两边各有12级石阶。站在河道边，同学们惊讶地发现，桥墩两边分别有4个倒三角设计的分水墩。这些倒三角设计真的可以起到分水的作用吗？他们决定通过实验进行验证。

5 三位同学设计了一个带隔板的水槽和一块三角形木块，每次向水槽注入相同的水量，拉开隔板，分别测量在相同质量水的冲击下，三角形木块倒三角一面与横侧面受到的冲击力。数据显示，倒三角一面受到的冲击力确实小于横侧面，这说明石拱桥桥墩的倒三角设计确实可以减小水流的冲击力。

6 第三座是明远桥。它是岭南历史上梁式三孔石拱桥的代表，长 24.8 米，顶宽 4.7 米，高 4.5 米，比巨济桥的规模又大了些。更重要的是，由于当年明远桥的主要作用是通马车，桥面设计放弃了石阶，采用圆弧形；同时，规划了低桥面和大跨度的结构，使坡面不会太陡。走到桥上，在桥面的中段和尾段，同学们发现了很多不同样式的纹路。这些纹路是用来做什么的？他们猜想，既然桥面设计成了圆弧形，交叉的纹路应该是用来增大摩擦力，以避免古时的马车倒滑。

7 同学们继续用实验来探个明白。根据观察，他们发现桥面上一共有 4 种纹路，再加上无纹路的坡面，他们用模板制作了 5 种不同的坡面，并设计了一个有一定高度的斜坡，让一辆小车从斜坡上滑下，依靠惯性驶过 5 种不同的坡面。小车驶过一种纹路的距离越长，表示这种纹路摩擦力越小，反之则越大。从实验数据可知，各种纹路确实会起到防滑作用，其中交叉纹的防滑效果是最佳的。古人在明远桥不同段设计不同的纹路，目的是让通行的马车免于在桥面上倒滑。

8 巨济桥与明远桥虽然整体结构一致，但设计却是不同的：一座桥面是阶梯，主要用于行人通行；一座桥面是圆弧形坡面，主要用于车辆通行。可见古代逢简人在建造桥时，已将人车分流的理念与规划融入其中。

9 石拱桥，承载着逢简水乡几百年的繁华盛衰，还有质朴的水乡人民的生活愿景。探究石拱桥，让同学们更加热爱自己的家乡了。

如果下次你去逢简水乡做客，六位同学一定会带你亲身感受他们的 STEAM 研究成果。"石拱桥 = 科学 S＋技术 T＋工程 E＋人文 A＋数学 M"。梁洁茹、崔智永两位同学亲赴美国波士顿参加了首届国际青少年科学发现影像大赛，在他们的现场答辩中，评委们感受到了他们对中国古代拱桥的热爱，对逢简水乡的热爱，大赛特别授予他们"中华基金热爱家乡"专项奖。

蓝鲸的话

科学探究方面点评专家
张波 博士

石拱桥是中国水乡的特色，短片中的研究小队抓住自己家乡石拱桥的"拱""三角分水墩""桥面"三个方面，分别研究了承重、防冲撞、防滑的原理。实验设计合理，工程解释深入浅出。

拍摄与剪辑点评专家
吕尚伟 院长

本片在拍摄、剪辑制作层面的完成度较高，内容翔实、结构完整、影像风格工整严谨，观众观影心理满足感较强。

出镜与表达点评专家
薛建峰 制片人

配音与配乐配合非常协调；探究过程记录完整，实验的环节动作准确、规范；片中手绘示意图如果有人的故事就会彰显特别，花絮中的生动片段和实验失败环节，都是科学微电影中讲述"人的故事"的无限空间。

脚本与解说词点评专家
尚钊 教授

片头可以将石拱桥做底图。标题不准确，以"石拱桥"比"灵魂"，有点儿牵强。解说不简洁、不生动。如："为什么逢简这块弹丸之地，会拥有这么多建筑风格不同的桥呢？我们对这一点发现产生浓厚的兴趣并决定一探究竟。"完全可以换一种说法："逢简，这么一块弹丸之地，竟拥有这么多风格各异的桥！""产生兴趣"从语气中带出就足够了。

STS 精神与教育意义点评专家
张红梅 副总编辑

为了验证猜想，女学生们竟然能拿起电钻等工具，制作实验器材。在反复实验中，他们并没有被困难所吓倒，勇于战胜困难，取得实验的成功。相信在他们以后的人生道路上，会战胜一个又一个的困难。因为这次活动在他们的心里埋下了自信与坚持的种子。

STS 精神与教育意义点评专家
吕萌 总编辑

古石拱桥是集中了中国劳动人民智慧的中国特有的建筑，同学们并不是对其进行人文的探究，而是能够运用跨学科的知识——数学及物理知识，用图示进行分析其建造原理。他们更是善于观察，并有独到的发现——三角分水墩等，设计了比较科学的模型，进行物理实验，进而诠释了古石拱桥设计的神奇之处。

屋顶上的耳朵

在内地观赏影片

在海外观赏影片

常常听到有人抱怨"农村学校资源少，我们没有什么课题去研究"。其实，课题就在我们身边，农村学校同样有丰富的研究资源。不信？你往屋顶上看，房子怎么长着两只大大的"耳朵"呢？我们来看看广东佛山市顺德区杏坛乡胡宝星职业技术学校的三位同学发现了什么。

蓝鲸的话

1 在顺德的杏坛水乡，有一种传统的民间建筑，两侧的墙上高高竖起两个拱形，好像房子长了耳朵。这种传统建筑在杏坛水乡存在了数百年，为什么这样建？说法各种各样。今天，让我们跟随着韦家昌、李泽耕、周权满同学来一起了解一下这种造型奇特的房屋吧。

2 房子上为什么会长耳朵？同学们在《广府民居》一书中找到了相关的信息。原来，这种长耳朵的房子叫镬（huò）耳屋。镬耳屋是岭南传统民居的代表，多用青砖、石柱、石板砌成，外墙均有花鸟图案，因其山墙状似镬耳，故称镬耳屋。

通风 防火

4 网上资料显示，镬耳屋长长的耳朵部分，建造时用料和工艺都十分讲究，是整座房屋工程难度最大、造价最贵的地方。镬耳屋的"耳朵"不只是个装饰，还有通风和防火的作用呢！这让同学们大惑不解。

3 房屋两侧这两个长长的耳朵有什么特殊的意义呢？同学们采访了当地的居民后得知，镬耳屋象征着古代官员官帽的两耳，有"独占鳌头"之意，是房屋主人家境殷实的象征。

5 不如设计个实验来验证一下吧！他们想出了一个好主意：找来废旧纸箱，按照镬耳屋的形状制作了模型，把房屋依次排列起来。他们还准备了蜡烛、风扇、灭火器和口罩等材料，准备模拟火灾的情形。

这两个长长的耳朵有什么特别的意义吗？

6 实验开始。有同学点燃易燃物，有同学打开风扇，顿时浓烟滚滚，烟雾顺风而下，充满了"镬耳屋"之间的缝隙。

7 同学们发现，高高竖起的镬耳挡住了大部分的浓烟，有效地阻止了火势的蔓延。他们制作了动画模型，来进一步解释镬耳屋的防火作用。

8 大多数镬耳屋的山墙都是用双层砖砌成的，内藏空气层，能够起到对内隔热散气、对外防火避灾、有效地阻止火势蔓延的作用，可谓一举两得。因此，两只奇怪的镬耳又被称为"封火墙"。

9 资料显示，镬耳屋还有通风的功能。那就也来验证一下吧！同学们又设计了第二个实验：用两根点燃的蜡烛放在屋群的通道中，当风扇开启时，蜡烛的火苗产生了剧烈的跳动。同学们认为，当风吹过屋群，房屋上这些高高的镬耳，就像一张张大手一样，把风轻轻招来，增强了房屋的通风效果。

10 当手电筒从侧面照过屋顶，他们意外地发现了镬耳屋的第三个功能。高高的镬耳墙形成了巨大的阴影，覆盖了大部分的屋顶面积。在南方炎热的夏天，镬耳墙的设计可以起到遮阴以降低屋内温度的作用。

11 镬耳屋是中华民族劳动人民智慧的结晶，它不仅保留了昔日乡镇文化繁华鼎盛的美好记忆，更以古老独特的风格成为广府民居的代表。

韦家昌、李泽耕、周权满三个男孩子在颁奖典礼上激动得热泪盈眶。韦家昌同学感慨地告诉大家，别看只是一部短短8分钟的作品，却是他们克服了种种困难才完成的。不只是设计实验的困难，还有陌生人不理解科学、不相信他们在研究科学问题、不允许他们拍摄民居的困难。当然，也有很多人伸出了援助之手，比如任婷同学帮助他们完成了配音，才使作品最终制作完成。学习科学探究的过程，也是一个学习如何为人处世、团结协作的过程。

蓝鲸的话

科学探究点评专家
姜冬梅 博士

人们对司空见惯的现象往往会熟视无睹，该短片恰恰在熟悉的建筑中提出了大家不熟悉的问题。他们用实验的方法来验证镶耳屋的三个功能：防火、通风、遮阴避暑。三位同学运用旧纸箱为实验材料，巧妙地模拟火灾、空气流动和阳光直射的外界环境，进一步用动画模型解释了镶耳屋具有三种功能的可能性。虽然在功能的解释上略显牵强，但该项目探究步骤完整，实验设计巧妙，解释方法直观，对建筑设计的科学性思考入木三分。该作品是一部优秀的科学微电影作品。

出镜与表达点评专家
薛建峰 制片人

配音表达中吐字、音色、情绪都很优秀，探究过程的记录没有太多"人的故事"，采访路人的环节、模型制作、实验的环节人物行动都表现不错，还有出镜表达的空间。

脚本与解说词点评专家
尚钊 教授

选题很有民族风，很有意义。标题形象，可考虑加副标题，具体点出探究对象。结构匀称清晰。首呼尾应，很是周全。开头可以再简洁些，可直接从杏坛水乡切入。语言准确流畅，语速适中，语调沉稳，与画面和谐。

STS 精神与教育意义点评专家
张红梅 副总编辑

对于家乡历史及特有的民俗的研究，很容易做成科普讲解片，而该短片通过科学的方法，对家乡特有的建筑构造做了科学性的解释，是一部有借鉴意义的科学微电影。同时，三位同学表现出的热爱家乡的情感很值得肯定。

STS 精神与教育意义点评专家
吕萌 总编辑

中国古民居是古代流传下来的建筑瑰宝，建造时有其特定的文化背景和用意，但学生们不光欣赏其建筑的美，更是用科学探究的方法，对其建造提出猜想，制作模型，进行验证。最后，他们发现了中国古建筑的建造精妙之处，让观众感受到了中国古人的智慧。

水乡的保护伞

——多水闸体系

在内地观赏影片

在海外观赏影片

在岭南地区，河网密布。周强、李芷晴、蔡绮婷三位同学发现水乡的桥多，水乡的"闸"也多。比比皆是的水闸，屹立在河流中，有的已经有上百年的历史了，它们仿佛讲述着祖祖辈辈定居在这片水乡的人们与水患共舞的故事。让我们跟随三位同学的镜头，去探究一下他们家乡的水闸吧。

蓝鲸的话

① 都江堰的无水闸式引水，积淀了中国古代劳动人民在水利工程上的智慧。而顺德杏坛与都江堰恰恰相反，到处都是水闸。多水闸式治水成为古代水利工程的又一座丰碑，保护着南粤土地免于洪灾。

② 周强、李芷晴、蔡绮婷三位同学对家乡的多水闸式治水很感兴趣，他们十分好奇为什么杏坛会有这么多水闸？

④ 再看现在的杏坛地图：杏坛镇位于珠江三角洲的冲积平原上，地势总体西高东低，导致流经杏坛的北江与西江两大支流都是自西向东流动，汇合后注入珠江口。处在两江交汇的杏坛镇，如果没有这些水闸，后果真是不堪设想啊！

清·咸丰年间的杏坛（1851—1861年）

③ 在图书馆和网上，几乎找不到有关杏坛"多水闸"体系的资料。他们继续寻找，在逢简的刘氏大宗祠里发现了古今杏坛地图。原来，杏坛在清朝咸丰年间还未形成成片的陆地，各个村落被密布的河网分隔开。可以想象，当洪水来临，如果没有水利设施，凶猛的洪水将轻而易举地淹没这些村庄。所以水闸就出现了。村落如此分散，单个的水闸并不足以解决水患，因此每个村落都修建了水闸，多个水闸协调工作，形成了"多水闸"体系。

⑤ 为了进一步了解杏坛的水闸，同学们来到顺德区杏坛镇水利会，采访了水利会的工作人员。他们了解到：从前杏坛的每个村确实都建有水闸，现在全镇共有23个水闸，现存最早的是1841年建造的北水旧闸，而1862年建造的仍在工作的是高赞北闸。这些水闸在防洪防涝、通航、灌溉农田等方面发挥着不可或缺的作用。

6 杏坛的水闸到底有着怎样的古今演变？同学们来到北水旧闸考察。它跟现在的水闸一样，是复闸结构，距今已有175年的历史。闸门是手动的左右推拉木门，闸墩的材质是石头。仔细观察，他们能清晰地看到水闸连着残留的木门。这个年代久远的水闸，虽然能够初步解决防洪、灌溉农田的问题，但人工的开关闸无法很好地控制水量。此水闸目前已经废弃，属于广东省保护文物。

7 接着是高赞旧闸——北闸，闸墩的材质仍是石头，现在看到的闸门是后期用钢铁建造的。在水闸旁边分别设置一个滚动轮轴，更加容易拉动闸门，前后闸皆需要用手拉动，依然不方便。较之北水旧闸，虽有改进，但还是不能很好地控制开关闸的水量。

8 随着水闸建设工程技术的发展，现在的水闸，闸门由木门发展为水泥门，再到钢铁门，坚固程度有了很大改进。开关方式，从人工左右推拉式发展为上下提拉式，还实现了远程操控全自动化。通航方面，现在当外江与内河水位差较大时，水闸的进水阀门开启，出水阀门关闭，水闸进水；当内外水位持平时，小船便可以安全通过。此外，现在的水闸旁边会建造一个电排站，进水排水更加具有针对性。

9 时至今日，杏坛水乡的水闸已经连成网络，整体协调运作。工作人员严格按照水利部门的统计、测量进行，能够很好地把握开关闸的进出水量。整个杏坛的水闸系统，可以有效地改善杏坛的水环境，使农田得到有效灌溉，防洪问题也不需要再担心。

10 俗话说："安居先治水。"上百年来，杏坛人建造水闸的技术不断进步，利用多水闸体系协调工作的能力不断加强。这让三位同学十分感慨。愿先人的智慧在他们这一代得到延续，愿掌握着水乡命脉的这些水闸继续为杏坛人的幸福生活保驾护航。

为了搞清楚每个水闸的作用和特点，三位同学跑遍了全镇的23个水闸，很多水闸是去了又去。现在，要是问起杏坛哪里有水闸，三位同学马上就能讲出水闸的名字，在哪个村落，对应哪条河。他们成了当地的小"水利专家"！

蓝鲸的话

科学探究点评专家
姜冬梅　博士

生活在水乡的同学们，享受着便利畅通的水利体系，大多淡忘了祖先与水患斗争积淀的智慧。该短片中的三位同学看到，都江堰水利体系与家乡河网密布的水利体系虽然不同，但是世世代代都造福了当地百姓。他们通过实地考察，调查了家乡杏坛镇23个水闸协同工作的体系。关爱家乡、关注身边的科学、关注工程技术进步，是该片传达给观众的科学态度。

拍摄与剪辑点评专家
吕尚伟　院长

翔实的画面，展示了杏坛水乡将近200年与水患共舞，水利、航运的历史。动画图表较为丰富，但部分图文画面尺寸、比例不一，降低了全片的视觉效果。

出镜与表达点评专家
薛建峰　制片人

配音中有难得的低音声线，表述清晰。探究过程记录完整；花絮中同期声的使用真实，传递出科学探究和拍摄过程的各种欢乐，引发大家会心一笑。

脚本与解说词点评专家
尚钊　教授

标题不准确。正副标题不规范，比喻牵强。开头有关都江堰的片段扯远了。解说内容充实，语言流畅。

STS 精神与教育意义点评专家
张红梅　副总编辑

科学探究不仅需要头脑，还需要体力。该研究项目中，为了做好家乡水闸的调查，三位同学用脚丈量了家乡的23个水闸，还尝试着打开了古老的水闸。科学发现的背后，有着孩子们体能上的付出，从中体会到科学探索的艰辛。

STS 精神与教育意义点评专家
吕萌　总编辑

任何劳动人民智慧结晶的产生，都跟他们当时所处的地区、形势、文化、科学、经济等因素有关。顺德杏坛水乡特殊的地势，使当地劳动人民创造了多水闸式的治水方式。随着科学的发展，过去的水闸被更先进的水闸所替代，但是这些劳动人民的智慧结晶是珍贵的历史文物，值得我们了解和珍视，值得孩子们继续为着家乡的繁荣和富强所努力。同学们通过实地考察、采访咨询、数据分析以及制作动画图示，展示了古老水闸的科学原理。

指尖上的智慧

——生活中的结

在内地观赏影片

在海外观赏影片

1 还记得你打的第一个结吗？你系鞋带的方法跟其他同学一样吗？生活中，我们会遇到各种各样的"结"，也会打一些"结"。我们最常打的结应该是自己的鞋带吧。广东省佛山市顺德区胡宝星职业技术学校的何佩楹、胥巧巧、曾婷三位同学从不同的系鞋带的方法出发，探究了各式各样打结的方法。

打结，是我们几乎每天都要做的事情，这里面有哪些科学问题值得研究呢？何佩楹、胥巧巧和曾婷从我们每个人都离不开的系鞋带出发，探究打结在生活中的妙用。

蓝鲸的话

2

有一次，曾婷同学发现自己系鞋带的方法跟别人不一样。原来，同样是系鞋带，竟然有这么多种不同的方法。那么，生活中都有哪些我们不知道的"结"呢？

3 反手结和活反手结，这两种打结的方法可以用来拴住或者挂住物品，是生活中常用的打结方法。活反手结的好处在于可以轻松地解开，只要轻拉绳子右端就可以将结解开。反手结和活反手结结合在一起，可以用于固定绳子的一端。

反手结

活反手结

4 高山蝴蝶结的系法相对复杂，可以用来悬挂物品。

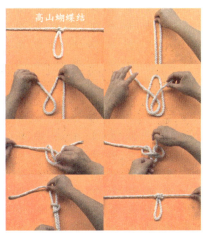
高山蝴蝶结

5 除了整根绳子的系法，三位同学还教了使短绳子加长的方法。两根短的绳子各自通过反手结绑到另一根绳子上，将两根绳子用力向两边拉，就形成了渔人结。

渔人结

6 单套驳结可将材质不一样的绳子系在一起。

单套驳结

7 学会了这些打结的方法，会给我们生活带来很多便利，特别是在我们野外活动的时候。

8 缩结可以对受损的绳子进行修复，虽然绳子变短了，但能增强它的牢固性。

缩结

9 链编索也是一种加固绳子的系法，能够增加绳子的承重能力，不仅牢固，而且能够轻易地解开。这种打结的方法，还能缩短绳长，便于存放。

链编索

10 活单套结、桶吊索，这两种结可以用来拴住水瓶。在野外，如果没有合适的袋子装水瓶，可以在水瓶外打上这种结，将水瓶挂在身上也是不错的选择。

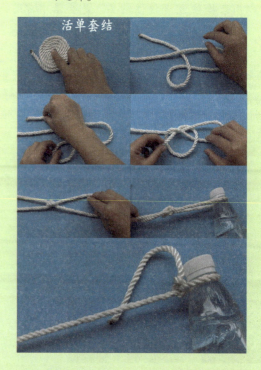

活单套结

11 活单套结是把塑料瓶的瓶口拴住，而桶吊索则是用绳子套在水瓶的底部，还能够在一条绳串上拴很多瓶水。如果水桶上的拉手坏了，这种系法还能作为拉手使用。

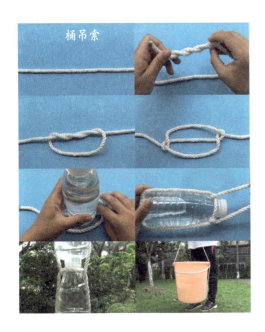

12 绳梯结是利用绳子打造一个梯子，这个主意没想到吧，快来学习一下吧。

13 打完结后，我们还要学会如何收拾好绳子。像这三位同学那样，把绳子在手臂上一圈一圈缠绕起来，最后留一个"小尾巴"，用这个小尾巴绑住整个绳子就可以了。这样，再次使用起来也会十分方便。

14 结，由一条线到一个面，再到立体结构，所融合的拓扑知识，并非每个人都能领会，但灵活地利用这些打结的方法，却能够使我们的生活更加便利，增强我们的野外活动能力，这就是人类指尖上的智慧啊！

"表演"可不是一件容易的事情，影片中两个同学相遇的镜头可是拍了很多遍才完成的，更不要说那些"打结"的画面了。用影像去记录科学，虽然十分生动，但有时候也需要巧妙的设计和实际的动手操作。大家也跟着镜头学起来吧。

蓝鲸的话

打结是一种生活中的科学。短片试图向观众阐述清楚20余种常见的打结方法，以及这些打结的方法如何在生活中应用，让生活变得更方便。短片较多地展示不同种结是什么样的（What），是怎么打成的（How），但是缺乏对为什么（Why）的提问和探讨。如果能多问几个为什么并尝试解答，将会弥补作品探究性不足的缺憾。

各种漂亮的打结特写画面是全片的亮点，色彩构图令观众的眼睛获得愉悦感，充分发挥了动态影像的优势。轻缓的节奏感配乐与画面十分和谐。解说词的总量略感不足。

配音娓娓道来符合影片中国结的调性；开场设计的出镜对话里两位同学落落大方、言简意赅直接点出主题；探究过程在花絮中得以展示，如果能与影像内容适当结合会更好。实验环节的呈现因为缺少了"人的故事"也少了很多乐趣。

心灵才能手巧。这组同学从生活中发现科学、发现美，令人佩服。源于生活的科学，能培养出学生热爱生活的健康心态，也是科学微电影的教育意义所在。

打结也是劳动人民智慧的结晶，经验来源于生活，又应用于生活。孩子们通过学习打结，用微电影的方式展现结绳的美，让人惊叹于劳动人民在任何细微之处都能展现出无穷的智慧。

科学影像　点燃梦想

"蓝鲸科学电影院"获奖作品评析

第二篇　关注生态环境篇

走近破烂王

在内地观赏影片

在海外观赏影片

许多人都在指责中国的垃圾分类回收问题，认为不能像西方国家那样分类回收就是一种落后，于是各个城市开始照搬照抄西方的垃圾分类回收方法。但是，他们忽视了中国特色的垃圾分类回收早已存在。在中国有这样一批人，他们的生计方式就是在完成垃圾分类回收、再利用，他们就是收废品的"破烂王"。刘尚泽翔、吴家昇、王涵三位同学就从这些人群入手，调查了中国城市的垃圾回收问题。

蓝鲸的话

1 把垃圾投进垃圾箱，是一种文明行为。我们在社区、街道、公园、商场处处都能与垃圾箱碰面。为了节约资源，人们在垃圾箱上做了分类标识，提醒大家分类投放。市民们真的会按照分类标识投放垃圾吗？

2 刘尚泽翔、吴家昇、王涵三位同学发现，无论是在学校还是街道，所有的垃圾都混倒在一起，由清洁工将垃圾送往中转站，并没有专人从事垃圾分类回收工作。难道中国就没有从事垃圾分类回收的人吗？三位同学想到了那些收废品的"破烂王"。

3 为了找到"破烂王"，他们采访了市民，市民说"破烂王"越来越少了。这让同学们很好奇：明明城市垃圾与日俱增，为什么"破烂王"却越来越少了呢？

4 同学们决定走近"破烂王"。他们走街串巷，发现了一些衣着朴素、骑着电动三轮车的人，车前挂着一个牌子，写明回收废品的种类及联系电话。这些人应该就是市民口中的"破烂王"。

5 同学们和一位年迈的"破烂王"爷爷进行了交流，记录了他收废品的过程。爷爷把瓶子按塑料瓶、易拉罐、玻璃瓶进行分类，10个瓶子摆一排来清点数目，便于买卖双方算账；结账后将塑料瓶装袋，酒瓶放在车内，纸箱拆解叠放捆扎后与麻袋

一起装车，油壶则悬挂于车旁，充分利用了车内的空间。因为没有存储地，爷爷收满一车就需要赶紧卖掉再收。生意好时，半天就会收满一车，赚上二三十块。爷爷的废品要卖给谁？爷爷告诉同学们，废品会被送往回收站。

6 在老师的协助下，同学们前往废品回收站一探究竟。进入站点，映入眼帘的是各种杂乱的废品。同学们架起摄像机，想采访这里的"破烂王"。他们有的人遮遮掩掩不好意思，有的人则主动搭讪。"破烂王"们表示，他们回收可再生垃圾，一方面减轻了城市垃圾处理的负担，另一方面搜集了可再生资源，让垃圾可以再利用。

7 有的垃圾回收站配备了机械设备，地磅可以方便快捷地称量废品重量，废纸打包机可以高效地将废纸打包成一个个纸方块，叉车则可以快速运送各种大件物品。分区的废品回收站，为回收不同的废品设置场地，加快回收效率。

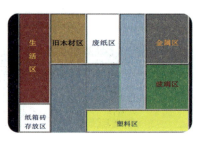

8 三位同学了解到，废品回收站的各种废品，都是"破烂王"从各个家庭、单位收取的。"破烂王"挨家挨户收取，一件件分类收集，完成了垃圾分类回收的过程。回收站的老板则提供场地，将废品分类聚集，并联系接收再生资源的工厂，完成垃圾分类回收的转运。这些人用自己的劳动，创造了具有中国特色的垃圾分类回收行业，在保护环境方面起到了独特的作用。

10 同学们在网上看到，郑州有一个"环保卫士"团队，他们就是看到了破烂中的商机，并涉足其中。"环保卫士"团队将固体废物回收搬上了互联网，人们通过手机微信下单，就会有工作人员上门回收。"环保卫士"们车辆统一，服装统一，让人感觉收废品也很规范。"环保卫士"团队希望通过这个过程，减少环境污染，让废品回收行业正规化。

11 三位同学也在学校发出倡议，建议班级设置两个垃圾箱，实行垃圾分类投放，与"破烂王"建立联系，对接回收，为美化校园、美化教室出一份力。

9 然而，不论是"破烂王"还是回收站的老板，都并不看好这个行业，他们觉得这个行业没有前途，废品价格便宜，赚不了大钱。这让同学们觉得很遗憾，这种中国特色的垃圾分类回收方式还能持续下去吗？

刘尚泽翔、吴家昇、王涵三位同学像真正的大记者一样，扛着摄像机走上街头，走进废品回收站，走访从事废品回收工作的"破烂王"，拍出了一部关于中国垃圾分类回收问题的真实可信的科学纪录片。他们帮助我们正确地认识了一个特殊的人群，了解了一种特殊的行业，更给了观众一个看待中国垃圾分类回收的独特思路。他们是一组善于观察、敏于思考、敢于行动的科学小分队。

蓝鲸的话

科学探究点评专家
姜冬梅 博士

短片采用社会调查的方法，对收废品的人（俗称"破烂王"）这样一个特殊的群体展开了调查，展示了中国"破烂王"在垃圾分类回收上的特殊作用。垃圾的回收利用是环境领域的老话题，但是深入收废品的人群却是一个难题。该研究团队能够通过多次拜访，使被采访者愿意交流沟通，应该说是一个难得的成功案例。

出镜与表达点评专家
薛建峰 制片人

收破烂的同期声音效、街头的采访、面对镜头的结论表达、与"破烂王"的近距离接触对话平和，显得调查活动更接地气，真实可信。难能可贵的是他们没有以偏概全，而是身临其境，站在理解的角度看待"破烂王"这一行业，体现了小学生们的社会责任感。

脚本与解说词点评专家
尚钊 教授

选题富于民生情怀。结构完整，内容充实，解说自然。开头可删减，三两个镜头、三言两语即可入题。解说当大刀阔斧地删减，应当与画面互补，而非重叠。

STS 精神与教育意义点评专家
张红梅 副总编辑

中国的垃圾分类一直被外国人所诟病。该短片中的三位同学却从自己独特的角度，证实了中国存在专业的垃圾分类回收人员——"破烂王"。为了把调查做得更深入，同学们发挥了极强的沟通能力，不仅采访到了专业的废品回收团队，更是展现了鲜为人知的废品回收各个环节的情况。要想得到第一手的别人得不到的关键性材料信息，沟通交流能力十分重要。因此，科学微电影可以很好地提高青少年的表达交流以及沟通能力，是一种非常有效的教育活动。

STS 精神与教育意义点评专家
吕萌 总编辑

这么多年来，居民的日常垃圾分类是一个老大难问题。孩子们带着强烈的责任感，不嫌脏累，不畏困难，走近"破烂王"，深入探究中国的垃圾分类回收现状，并试图寻求可行的垃圾分类方法，还积极从自身做起，宣传垃圾分类方法，为孩子们点赞。

毒电池的危害

——关于废旧电池对大蒜生长影响的研究

在内地观赏影片

在海外观赏影片

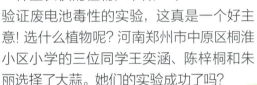

第一次接触科学探究，许多同学都想研究废旧电池的毒害，但是从何处下手呢？借助一种生长快的植物，来做一个验证废电池毒性的实验，这真是一个好主意！选什么植物呢？河南郑州市中原区桐淮小区小学的三位同学王奕涵、陈梓桐和朱丽选择了大蒜。她们的实验成功了吗？

1 使用过后的废旧电池有哪些危害，应该怎么处理呢？这个环境保护上的大难题引起了三个小女生的兴趣。

2 她们上网查阅资料发现，乱丢弃废旧电池，会对土壤和水造成很大的危害。那么，被废旧电池污染的水和土壤会对农作物产生危害吗？三位同学打算亲自做实验来验证一下。

3 她们猜想，废旧电池越多，对大蒜的影响就会越大。在其他同学的帮助下，她们很快收集到了半桶废旧电池，并从中挑选出了63节5号南孚电池作为实验材料。

4 随后，她们又到花店买了花盆和土壤等。她们精心挑选了大小相同的105瓣大蒜，作为实验对象。

5 实验开始了。1号花盆为对照组，不放入电池。她们把21节电池分成了6组，分别放1至6节电池进花盆里，编号为2至7号。

6 她们在每个花盆里放入200克的营养土，并把电池剥开，把电池内的粉末均匀地混入营养土中，然后再放入大蒜，最后浇上150毫升的水。

7 经过一下午的忙碌，蒜瓣都严格按照要求种在土里了。接下来就是等待大蒜发芽和观察记录了。

8 经过几天的观察，蒜并没有开始发芽。浇水的时候发现，每盆150毫升的水太多了，她们决定减少到100毫升。尽管如此，蒜还是没有按照她们设想的那样发出芽来。

9 她们查找原因，可能是因为阳光不足，或是因为蒜经过激光照射后不再发芽，又或是因为之前浇水太多了。后来，请教过老师之后才知道，原来她们把蒜种反了，只能重新开始实验。

猜想二：
大蒜被激光照过

10 经过了第一次的失败，这次，她们注意了栽蒜的方向，终于在第四天迎来了第一批发芽的蒜。放了5节电池的6号盆和没有放电池的1号盆率先发了芽，且都是5厘米。

11 第七天后，越来越多花盆中的蒜发芽了。其中1、2、3号盆发了4棵，4号盆发了2棵，5、6、7号盆也分别发了1棵。随着时间的推移，蒜苗也越长越高。她们发现，虽然发芽的时间不一样，但基本上废电池放得越多，蒜苗的个头就越小。经过统计，她们得出，1号盆发芽最早且长得最高；4号盆发芽晚，但发芽最多。这说明，电池虽然在发芽的效果上限制了蒜苗，但在数量上却促进了蒜苗的生长。这太不可思议了！

12 最后三位同学为了宣传电池的危害，制作了展板，走进社区，以自身的行动传播毒电池危害的知识，提醒人们注意环保，保护家园！

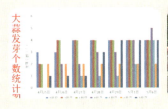 

王奕涵、陈梓桐和朱丽三位同学用实验来验证生活中的问题，有着良好的科学素养。她们在第一次实验失败后并没有放弃，重新开始，最终得到了想要的实验结果。她们十分重视科学探究成果的分享，在小区内制作展板，利用自己的实验有理有据地表达观点，勇气可嘉！

蓝鲸的话

短片中三位小学中低年级的女生对电池的毒性验证产生了兴趣，她们用混有电池的土壤种大蒜，看上去是合理的设计。但是她们的第一次实验就失败了，因为大蒜的方向放颠倒了。学生亲自参与科学探究活动，一定会遇到无数个困难，有时候成功克服了困难，有时候却不能，还会闹出笑话，这正是学生真实的探究经历！每一次科学探究活动，不仅是在挑战我们对大自然的认知，更是在挑战自己的无知。

科学探究点评专家
姜冬梅 博士

出镜与表达点评专家
薛建峰 制片人

开场的出镜对话精心设计，表达自然，配音清晰，吐字清楚；在花店的对话、对电池的分类拆分场景、花盆装土、第二次种蒜、发芽等场景的出镜都非常真实，传递着小学生一丝不苟的科学态度和她们对科学探究的热爱之情。

脚本与解说词点评专家
尚钊 教授

选题很有意义。标题有点儿烦琐，可取消正标题，将副题改为正题。主体部分需梳理增删。比如：准备实验器材的介绍较烦琐，当删；非电池原因（如浇水）对大蒜生长的影响介绍过多，当删；电池对大蒜发芽生长的影响阐述不够，当增。片头可删。

STS 精神与教育意义点评专家
张红梅 副总编辑

真实的情节再现，大蒜种下后不发芽，居然是因为孩子们把蒜种反了，没有关系，再来种一次。这种不放弃坚持到底的探究精神值得称赞！家长的参与支持，既对小学生是种鼓励，更是通过活动增加亲情，体现出科学微电影活动在亲子教育上的功能。

STS 精神与教育意义点评专家
吕萌 总编辑

学生通过观察实验，进行了统计，画出了数据分析图，并将结论进行宣传，充分表现了她们所具备的社会责任感。值得表扬的是，孩子们勇于展示实验过程中的失败原因，这就是一种实事求是的科学态度。

找水喝的树根

在内地观赏影片

在海外观赏影片

孩子的眼睛总是能看到大人不注意的现象，暴露在水库岸边的树根引起了三位初中生的关注。他们顺藤摸瓜，大胆猜想，竟然引出了惊人的发现。

蓝鲸的话

1 群山环绕着蓝绿色的湖面，在阳光的照射下，如同泛光的翡翠。猴子们自由自在，毫不畏惧来访的游客。色彩斑斓的蝴蝶翩翩起舞，犹如一个个精灵。这仙境般的自然风光便是香港的城门水塘。

2 突然，一棵枯树闯入了顾嘉钰、袁梓皓和杨沐华同学的视野，它在这片美景中显得那么突兀。他们仔细观察，看到了成片的树根裸露在地面，交错着、连绵着伸向远处的水源。"为什么这些树根裸露在外，呈阶梯式下沉呢？"他们提出了这样的疑问。

3 随着观察的深入，他们发现树根都向着水源充足的地方延伸，呈现出明显的趋水性。

说明在水位不断下降的过程中，这些树根会不断下降寻找水源。树根生长是需要长时间的，树根每下一级台阶，大约需要30年。于是，他们大胆地猜想：树根所呈现出的三级台阶下降趋势，会不会是城门水塘百年来水位下降的见证呢？

4 三位同学开始了他们的探究之旅。他们提出了第一个猜想：第一级台阶应该是在20世纪初形成的。他们参观了饶宗颐文化馆举办的"香港百年蜕变图片展览"，了解到在20世纪初期，香港首先发展的是制造业，而制造业的发展是需要大量淡水的。这时，水塘里的水就会急剧下降，树根就会裸露出来。因此，树根的第一级台阶的形成是因为制造业初始发展，大量工业用水所导致的。

5 第二个猜想：树根的第二级台阶大约在 20 世纪 50 年代形成。从 50 年代起，香港从转口贸易向制造业中心转型，产品外销量急速增长，主要产品包括塑料花、纺织品、搪瓷等。工业用水量第二次增加，水塘的水位下降。从图片中，他们看到，当时的生活用水短缺，出现了水荒，人们排着长长的队伍在取水。三位同学还有幸采访到了一位老人，老奶奶回忆道："我们要去排队取水，每家每天只限两桶水。虽说能拿到两桶水，但是取水队伍很长，要排两个多小时的队。"因此，树根的第二级台阶，是因为制造业的蓬勃发展，工业用水和生活用水急剧增加造成的。

7 三位同学大胆猜想，提出猜想四：第三级台阶的形成跟气候变化有关系。于是，他们又展开了更为深入的调查与研究。

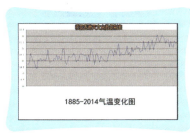

1885-2014气温变化图

8 为了验证猜想四，他们搜集了大量的资料。他们把在香港天文台查到的 1885—2014 年的香港年平均气温和年降水量的数据，制作成图表模型，从中可以看出，这 129 年来，香港的气温在逐渐升高，而降水量却基本不变。气温高了，水的蒸发量增大，造成了水位下降。

6 第三个猜想：按照前两级台阶形成的原因，第三级台阶还是大量的工业用水和生活用水造成的。为此，三位同学又开展了深入的调查。他们了解到，为缓解香港缺水严重的情况，从 20 世纪 70 年代开始，中国政府决定将东江水引入深圳水库再输进香港，解决香港生活用水紧张的状况。改革开放以来，香港的制造业工厂转入内地。水塘在没有工业用水和生活用水的情况下，水位本应增长，可为什么还会下降，出现第三级台阶呢？

9 在查资料的同时，他们发现不只香港地区，全国其他地区都在受暖干气候的影响，水库干涸情况很严重。他们在网上查找了近几年全国水库干涸情况的资料，情况令人十分震惊。其中河南干涸水库 127 座，辽宁 58 座、山东 410 座、湖北 64 座、湖南 1120 座、广东 310 座、云南 390 座、浙江 82 座、内蒙古 180 座、广西 560 座、安徽 281 座、黑龙江 58 座。看来，第三级台阶的形成确实与气候变化有关。

10 他们采访了应对气候变化专家姜冬梅博士，姜博士说："气候变暖，已经是一个不争的事实。在过去的 1000 年时间里，我们生活的最近 100 年是最热的 100 年。在这 100 年里，我们生活的这 30 年，又是最热的 30 年。"

11 三位同学继续查阅资料，搜集证据。不仅水库干涸情况严重，自然界淡水资源也在不断地减少。鄱阳湖水位下降至枯水位 8 米，露出了水下的古桥；洞庭湖水位下降至历史最低，提前进入枯水季节，水域面积后退了 10 公里；洪泽湖水位持续下降，逼近死水位；巢湖水位也在不断下降，引起严重的干旱灾害；天山的冰雪覆盖不断减退，大部分山体裸露了出来；非洲 1970 年时冰雪覆盖的乞力马扎罗山，至今冰雪几乎消失；南北极的冰盖也在不断地消融，北极熊需要走很长的路才能找到食物……急剧下降的淡水资源，不仅影响到了地球的动植物，也影响到了人类的正常生活。

12 面对全球气候变暖，淡水资源不断减少，我们应该做些什么呢? 我们应从身边做起，节约用水，保护淡水资源，使地球环境变得更加美好。

看完短片，大家是不是要为三位小科学家的大胆猜想点赞呢? 牛顿说："猜想对于科学家来说，就好像是天文台的望远镜。"正是根据合理的猜想，看上去简单的树根却和香港的经济发展、社会需求、全球变暖三大问题建立起了联系。暴露在水面外的树根，默默地记录了香港经济、社会、环境变化发展的历史。

蓝鲸的话

科学探究点评专家
张波　博士

出镜与表达点评专家
薛建峰　制片人

顾嘉钰、袁梓皓、杨沐华三位同学看到水库边裸露的树根，提出了层层深入的猜想"串"。他们根据历史和自然资料，结合现场采访，大胆地给出了树根形成的三级台阶的原因。这部作品突出展示了"猜想"在青少年科学探究活动中的重要作用。更加难能可贵的是，三位同学查阅和搜集了大量数据资料，比如各个省份水库干涸的数据，与香港的情况进行了对比，揭示了全球变暖大趋势下香港当地水资源遭受的影响。作品从树根出发，纵观香港百年历史，深入百姓社会，横跨中国各省份水利资源，尺度大，覆盖范围广，观察分析的角度独特，揭示的问题严峻，是一部难得的优秀作品。

配音表达自然，吐字清晰，情绪把握准确；科学家和同学们在展览馆图片前的同期声对话、街头采访都自然大方，不显突兀；他们利用电视机展示资料并采用主持的形式进行资料搜集分析，而且每个人都参与其中，是该片表达得分的关键。

脚本与解说词点评专家
尚钊　教授

STS 精神与教育意义点评专家
张红梅　副总编辑

探究主题直击焦点、热点，紧系国计民生。标题抢眼，很能引发人们的观赏欲望。解说语言科学平实，语调沉稳凝重，与画面相辅相成。有些语句应再推敲。如"色彩斑斓的蝴蝶翩翩起舞，犹如一个个蓝色的精灵"等。

三位同学充分运用了大数据进行分析。从大量的资料可以看出他们背后的工作量之大。这些枯燥的数据，要怎样才能生动形象地表达出来呢？于是，他们采用了新颖的展示数据的形式。气候数据运用折线图进行展示，直观清楚。全国水库干涸的数据，则是采用像天气预报一样的形式展示，视觉冲击力强。全国淡水资源减少、冰山融化的数据和全球冰山、南北极冰盖的消融数据，他们运用了插入新闻网页图片、现场照片等进行展示，达到了震撼观众的效果。学会表达，把研究的成果用生动的形式展示给观众，这是一种能力，科学微电影活动能很好地促进同学们此项能力的提高。

STS 精神与教育意义点评专家
吕萌　总编辑

学生大胆猜想，层层剥茧，认真求证，善于从不同角度提出有价值的问题。他们查证历史原因，收集了大量的资料，通过数据分析证实自己的猜想，也为气候变暖、多地水位下降提供了有力的证据。

树的创可贴

在内地观赏影片

在海外观赏影片

1

　　暑假的一天，苏郑贤和柳春梅两位同学一起到维多利亚公园游玩，她们发现这里好多的树木都缠有黄色的胶带。这些胶带有什么用呢？

　　我们身上如果有小伤口，可以贴创可贴，如果树木受伤了该怎么办呢？苏郑贤和柳春梅两位同学突发奇想，想到用"创可贴"救治树木，防治虫害。

蓝鲸的话

2

　　她们走近观察，发现胶带上面粘了许多蚊子、飞蛾等害虫。用手触摸，胶带具有很强的黏性，这是胶带能够杀灭害虫的主要原因。

3

　　两位同学继续观察，发现有些胶带上还粘有壁虎，有些死去的壁虎已经干枯风化。她们尝试抢救还活着的壁虎，却因为胶带黏性太强而失败。

4

　　这让两位同学开始思考，如何在杀灭害虫的同时，不伤害有益的生物呢？

5

　　害虫侵害树木，使树木受伤了。人们受伤时会贴膏药或创可贴，那么，能不能做一个树木的"创可贴"呢？

6

　　两位同学准备了芦荟膏、罗霉乐（一种杀灭真菌的药膏）、84消毒液、苏打片、假苹婆果实的汁液。

7

她们将芦荟膏与罗霉乐混合得到1号药膏，芦荟膏与84消毒液混合得到2号药膏，芦荟膏与苏打水混合得到3号药膏，假苹婆果实汁液作为4号药膏。

8

将4种药剂分别涂抹在棉布上，共制作了4种"创可贴"。

9

两位同学找到有害虫的树木，将4种"创可贴"贴在有虫害的部位，看看哪种创可贴在杀灭害虫方面更有效？

10

通过实验，两位同学发现4号药膏（假苹婆果实汁液）杀灭害虫的效果最显著。

11

"创可贴"的设计可以很好地密封豁口，起到防治虫害、愈合伤口的作用。如果能在每棵树木的豁口上都贴上这种"创可贴"，使树木免受害虫侵害，那么每棵树木都会长得又高又壮的。

12

通过实验，她们还发现如果能够针对不同的病因来设计不同的"创可贴"配方，治愈树木的效果就会更佳。这也将会成为她们进一步研究的课题。

蓝鲸的话

两位同学把自己制作的药剂棉布比喻成"创可贴"，这无疑寄托了她们的希望：希望自己的小发明可以帮每棵树治病，同时又不会伤害无辜的小动物。

科学探究点评专家
张波　博士

　　短片中的两位小姑娘从树的伤口联想到创可贴，于是亲自动手配置药膏，制作给树治病的"创可贴"，她们的 New idea 就变成了创新思维的成果。如果两位同学能够抓住不放，继续分析为什么药膏能达到杀虫效果，该作品的科学性会更强些。

出镜与表达点评专家
薛建峰　制片人

　　通过她们的出镜，我们看到了探究者对树上的"创可贴"进行了细致地观察；实验环节的出镜，保留了探究的行为和动作，如果能配合当时的同期声会更好。

脚本与解说词点评专家
尚钊　教授

　　"树的创可贴"，形象！还满含着殷殷的关爱之情。过门太长！6分钟的片子，1分钟还没入题，多浪费呀！几乎到3分钟，也就是片子的一半，才开始了探究。突出中心有两个最基本的手段，一是把它放在最重要的位置，二是给它足够的篇幅。

STS 精神与教育意义点评专家
张红梅　副总编辑

　　短片充分体现了这两位同学的爱心。爱自然，爱生命，爱环境，她们研制的这个爱心礼物——"创可贴"，带给树木的不仅是虫害的防治，还是她们爱心的体现。

STS 精神与教育意义点评专家
吕萌　总编辑

　　从人受伤用创可贴，联想到树受伤也可以用"创可贴"，以及看到胶带粘害虫的方法伤害到了无辜的壁虎，进而想到研制更合理的"创可贴"，可以看出两位同学极富有童真和爱心，她们的想象力也是科学探究所需要的。

生化结合治白蚁

在内地观赏影片

在海外观赏影片

白蚁侵蚀树木和建筑，对人类生活产生了极大的威胁。你知道如何治理白蚁吗？严知、郝哲、杨岚婷三位同学对这个问题进行了研究。他们尝试了很多种治理白蚁的方法，三人在探究过程中还产生了分歧。但最终，他们达成一致，找到了一种治理白蚁的新方法。

蓝鲸的话

1 在寻访南丫岛的途中，严知、郝哲、杨岚婷三位同学发现，许多树木受到了白蚁的侵蚀而枯败不堪。三位同学开始思考，如何才能治理白蚁，还树木健康。

2 他们展开讨论，分别提出了自己的想法，在如何治理白蚁的问题上产生了分歧。杨岚婷认为应该用化学药剂治理白蚁，这种方法快速、有效。

3 严知却认为，化学方法只能在短期内杀死白蚁，一旦停止使用，白蚁数量很可能迅速反弹。只有找到白蚁的天敌，用生态方法治理白蚁，才能"长治久安"。

4 双方都坚持自己的观点，决定分别展开探究。郝哲觉得两种方法各有利弊，决定和老师一起用摄像机记录下两位同学各自的探究过程。究竟谁是对的呢？

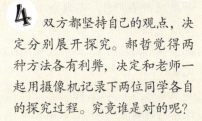

5 杨岚婷用柠檬汁、酒精、茶树油和含有次氯酸钠的消毒液进行实验。她分别量取3ml的各种药剂，依次倒入装有3只白蚁的透气盒中，等待5分钟。实验结果：在盒子里放柠檬汁对白蚁无效，放其他3种药剂都有效。看来，酒精、茶树油、次氯酸钠确实可以快速杀死白蚁。

6 杨岚婷查阅资料得知这些药剂之所以能快速杀死白蚁，是因为它们均具有很强的抗生作用。如果投放在野外，不仅会杀死白蚁，还会杀死白蚁周围的其他生物。那么，能不能找到一种抗生性弱的药剂呢？这时，杨岚婷发现一篇文章，文章说白蚁体内含有某种真菌，可以消化纤维类物质（树木）。这引起杨岚婷的思考，只杀死白蚁体内的真菌，会有什么结果呢？

8 严知到野外多次观察白蚁后发现，总有各种各样的蚂蚁在白蚁蚁路附近徘徊。这些蚂蚁在做什么？它们为什么喜欢紧挨着白蚁活动？严知很好奇。

7 杨岚婷想到了可以杀灭真菌的脚气水，决定再次展开实验。她采购了脚气水、准备了两个透气盒。每个透气盒中分别装有3只白蚁及新鲜木屑。她将3ml脚气水喷在一个透气盒的木屑上，另一个做对比，持续观察。杨岚婷发现，放有脚气水的盒子中的白蚁不喜欢在木屑上活动；而不放脚气水的盒子中的白蚁不仅喜欢在木屑上活动，还会啃食木屑。看来，脚气水会影响白蚁对木屑的喜爱程度。

9 等候很久也看不出端倪，严知决定拨开白蚁蚁路。只见在白蚁蚁路附近的各种蚂蚁蜂拥而上，开始攻击白蚁，待攻击成功，蚂蚁们就把白蚁运回了自己的巢穴。看来这些蚂蚁是为了猎食白蚁，才在白蚁的蚁路附近活动。

10 严知还发现，没有被猎食的白蚁在快速修补蚁路，很快又建立起自己的"壁垒"。严知思考后又想到，虽然白蚁有天敌，但有蚁路庇护，正常情况下它们是不容易被捕食的。要如何才能让白蚁暴露在外呢？

11 经过一番探究，三位同学重新坐在了一起，杨岚婷和严知分别将自己的探究过程及结果告诉对方，郝哲则帮助他俩总结探究的成果与不足。经过一番头脑风暴，三位同学发现，如果单用生态或化学方法去治理，都会有缺陷，而结合在一起则会产生一种新的治理方法，并且更加有效。

12 一般的化学药剂可以快速杀死白蚁，却对周围的动植物甚至白蚁的天敌也有致死作用。一旦停止使用药剂，白蚁反而会在天敌数量减少的情况下迅速繁殖、生长，确实不能从根本上治理白蚁。单用生态方法，因为白蚁有蚁路庇护，正常情况下白蚁很难被捕食，不能在短期内有效控制白蚁数量。但是如果用脚气水代替一般化学药剂，就可以让白蚁远离树木，同时综合生态治理方法，在树木附近人为保留一些肉食性蚂蚁，让这些蚂蚁捕食离开蚁路的白蚁，也可控制白蚁的数量。

这个团队的同学都很坚持自己的想法，当意见产生分歧时，他们希望通过实际行动证明自己想法的正确性。然而，他们并不是盲目自大，在将自己想法付诸实践的同时，依然能回过头倾听同伴的想法和建议，一起讨论，最终才有了治理白蚁的新方法。

蓝鲸的话

13 这种方法虽然很理想，但是为什么白蚁不喜欢在喷有脚气水的树上活动呢？尽管脚气水的抗生作用要小于一般化学药剂，但如果投放在野外，是否会对环境产生其他方面的影响？这些问题都有待三位同学进一步探究。

科学探究点评专家
姜冬梅 博士

这部作品最后得出的治理白蚁的新方法，源自于两个看似矛盾的猜想。单个看这两个猜想，都有不足，但是同学们敢于探索与验证，寻找两个猜想各自的优缺点，经过反复讨论，最终融合成更完善的新方法。每一个新想法都有让智慧闪光的一面，也许这些想法单个并不完善，但将多个新想法融合在一起，就会有成熟完善的创新方法。

出镜与表达点评专家
薛建峰 制片人

作品中对人的故事展现比较充分，既有团队也有每个人的特点呈现。无论是配音配乐、探究过程，还是同期声的使用都比较得当，与内容贴切。杨岚婷的严谨冷静，郝哲讨论时的爽朗大笑，严知酷暑下认真的拍摄，尤其是扭脖子的动作都具有鲜明的人物特征。传递出团队团结一致目标明确的正能量。

脚本与解说词点评专家
尚钢 教授

选题好！很有家国情怀。开头利索，入题快，解说也简洁。整体上解说语言准确，语调沉稳，语速适中。讨论猜想一段解说可大大删减。

STS 精神与教育意义点评专家
张红梅 副总编辑

科学探究中需要表达交流，需要把自己对科学问题的思考与同伴进行充分地讨论。短片中，当两位同学在治理白蚁的方法上有分歧时，他们并没有吵得不可开交，也没有放弃，而是通过讨论沟通，使得探究能顺利进行下去，并有了新的发现。科学发现微电影活动在提高学生表达与交流的能力上，具有其独特的教育功能。

STS 精神与教育意义点评专家
吕萌 总编辑

团队合作意识突出，分工比较细致有条理，有人查阅资料，在室内做实验，有人在室外拍摄观察。然后进行讨论，把各自的实验观察进行交流，汇总在一起进行分析，还通过实验找寻解决问题的办法，对未来提出更多的探究目标。

在内地观赏影片

在海外观赏影片

岭南美，美在家家户户门前都有小河，人们世世代代沿河而居。吕柏明、麦朋艺、吴泽朋、白志卓四位同学特别热爱自己的家乡，热爱家乡门前的小河。有一天，他们发现不同同学家门口的小河气味不同：有的香，有的臭。这是怎么回事呢？

蓝鲸的话

1 广东省佛山市顺德区胡宝星职业技术学校的四位同学是好朋友，他们分别住在顺德区杏坛镇不同的村子。杏坛镇河流交错，村村都有小河环绕。每天上下学途中，他们要共同经过两条河道，一条水流清澈，没有被污染；另一条乌黑发臭，经过时不得不捂着鼻子走。四位同学们十分好奇，为什么两条河相距不远，水质会有这么大的差别？其他河流的水质也有这么大差别吗？污染是怎么造成的呢？

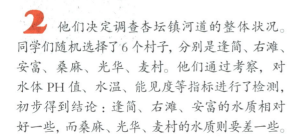

2 他们决定调查杏坛镇河道的整体状况。同学们随机选择了6个村子，分别是逢简、右滩、安富、桑麻、光华、麦村。他们通过考察，对水体PH值、水温、能见度等指标进行了检测，初步得到结论：逢简、右滩、安富的水质相对好一些，而桑麻、光华、麦村的水质则要差一些。

3 为了获得更加准确的数据，他们走访了当地环保部门，请专业人员对水质做了检测。结果显示：逢简、右滩、安富的多数水体水质指标达标，而桑麻、光华、麦村有很多水体水质指标超标。这印证了同学们的调查结果。

4 看来，杏坛镇不同村的水质确实存在明显差异。究竟是什么原因引起了这样的差别呢？水质差是工业污染、农业污染，还是生活污染造成的呢？同学们想找到污染的"真凶"。他们决定再一次深入 6 个村子，调查各村污染的源头和污水处理的方法。

5 同学们在右滩村中的河道怎么也找不到排污口，原来右滩是国家饮用水保护区，村中对污水排放进行了严格控制。

7 光华、桑麻、麦村的情况如何呢？三个村中没有一个污水处理站，到处可见排污口。虽然也采用了生物治理，但是水体发黑发臭，河面漂浮着生活垃圾。他们继续调查发现，这些排污口来自村中各家各户，村民日常的生活污水、厨余垃圾、人的排泄物都会通过这些排水口直接排到河道中。原来，村中大大小小的排污口，就是造成河道水体水质污染的源头。同时，在河道的附近，同学们发现沿岸有大量农田和养殖场，农民过度使用化肥、饲料、农药，畜禽粪便随地都是，一旦下雨，这些污染就会随着雨水流入河道。

6 逢简、安富虽有排污口，但采取了"雨污分排"的策略，干净的雨水可以直接通过管道排入河道，但是生活污水则会先经过污水处理站，待净化后再排入河道。这两个村共设有 4 个污水处理站。

8 因此，不正确的农业生产方式和生活方式，才是杏坛镇水质差各村水体污染的主要原因。这种污染来自家家户户，难以找到一个统一的源头。因此，这类污染被称作非点源污染，也称作面源污染。

10 当然，一个村的宣传还不够，四位同学决定把他们的科学调查成果分享给更多人，他们相信，一定会有越来越多的农民改变自己的行为习惯，杏坛水乡也会越来越美丽！

9 认识到面源污染的现状，同学们认为，挨家挨户纠正村民的生活和生产方式不太现实，但可以以学校和村委会作为宣传点，向广大村民宣传面源污染的危害以及正确的生活、生产方式。四位同学由老师带领，在学校举办了一次宣讲会，向其他同学分享了研究结论，让学生带动家长，增强环境保护意识。随后，他们又来到光华村做宣传，通过发放行为守则和召开村民代表大会，向广大村民宣传相关的知识。

在农村宣讲如何控制面源污染，并不是一帆风顺的事，很多村民否认村中的河道污染跟自己的生产生活方式有关，这让同学们很伤脑筋。看来，科学研究不容易，把科学研究成果传播出去更不容易，但四位同学并没有放弃，他们除了坚持到各村进行宣传，还建议村民委员会制订《村民控制面源污染行为守则》。光华村村民委员会听取了同学们的建议，真的采取民主投票的方式通过了这个守则。小科学家们第一次以主人翁的姿态，走上了家乡环境治理的大舞台。

蓝鲸的话

科学探究点评专家
姜冬梅　博士

该短片记录了四位中学生调查家乡水体污染的过程，他们不仅在环保监测部门帮助下发现了不同村庄水体水质不同，存在超标问题，而且寻根究底找到了污染源头原来就是农民自己的排污。本短片非常可贵的是，面对农民们难以接受的"自我污染"的事实，同学们在村庄、学校里开展了宣传，并且推动村民委员会制订《村民守则》来改变生产生活方式，实现减少排污。四位同学从调查访问入手，最终参与到家乡的管理中来解决环境污染问题，充分体现了他们冷静客观的思考判断能力、强烈的社会责任感以及以科学研究结论为基础支持家乡管理决策的意识。这是一部难能可贵的优秀作品。

拍摄与剪辑点评专家
吕尚伟　院长

在这个以调研为主的项目中，镜头的作用更多是跟随式记录，观众从8分钟节目中就能感受到小组细致的调研过程。现场采访的录音效果需进一步提升。

出镜与表达点评专家
薛建峰　制片人

理性的声音对科学探究项目进行客观的描述，表达清晰。肉铺的采访自然朴素，真实生动。尤其可贵的是，同学们并没有一味指责，而是用当地百姓的同期声采访说出排放原因，增强了作品的客观性。如果能在实验环节、调查环节增加同期声的使用，对于科学调查类影像创作会更加具有说服力。

脚本与解说词点评专家
尚钊　教授

选题有关心，有情怀。正标题需再斟酌。内容充实，信息量大。结构匀称合理，有些"北辰居其所而众星拱之"的气象。解说要重视声音(语音、语调、语速、节奏、重音等)，声音的表现力不可小觑。

STS 精神与教育意义点评专家
张红梅　副总编辑

环保局局长支持，工作人员配合；召开村民代表大会，举手表决……这几位同学真是了不起，具有这么强大的沟通能力。科学探究不仅培养了他们的科学思维和研究方法，还培养和提高了他们的沟通、表达与交流的能力。此短片充分体现了科学教育中表达与交流能力培养的重要性。

STS 精神与教育意义点评专家
吕萌　总编辑

农村水污染是老大难问题。孩子们从根源找起，进行社会调查，积极寻找致污源头，发现了村民不正确的农业生产和生活方式，才是导致农村水体污染的主要原因。他们积极与环保部门沟通，设计了守则，给出解决控制面源污染的对策，进行了有效的宣传，具有极强的社会责任心及行动力。

南国的 "冷汗"

——回南天

在内地观赏影片

在海外观赏影片

生活在北方，享受着"阳春三月"美景的同学们一定不会知道，在我国的南方，特别是岭南地区，这时候墙壁、地面、窗户、楼道、栏杆上到处都溢出细密的小水珠。这种特殊的天气叫"回南天"。它到底是怎么形成的呢？让我们来看看广东省佛山市顺德区胡宝星职业技术学校的小科学家们是怎么揭开"回南天"神秘的面纱的。

蓝鲸的话

1 由张明、王行潮、邓有成、崔智永组成的小科学家团队发现一个问题，在初春的校园内，墙上、地上到处都渗出了小水珠，甚至学校的宣传栏和教室的墙纸也都潮湿发霉了。

2 到底是什么原因导致了这种现象呢？他们首先上网查阅相关资料。网上解释说："回南天"的形成是因为连续12℃左右的低温天气突然回暖所造成的，这样的天气里，冷热空气相遇形成了水珠。

3 那么，当地居民又是怎样认识这种天气的呢？同学们对居民进行了采访。居民们对这种潮湿的天气非常熟悉，这种天气给他们带来很多烦恼。但是对于这种潮湿天气是如何形成的，大家都不甚了解，于是同学们决定研究"回南天"是如何形成的。

4 从3月11日开始，他们每天记录天气温度和湿度的变化，等待着"回南天"的到来。通过对温度和湿度的记录，他们观察到从11日到17日，气温一直维持在20℃以下，湿度都在90%以上，但是并没有出现"回南天"的天气现象。

5 随后，根据天气预报，18日至19日南方会大面积升温，这也就预示着"回南天"将要到来。果真在19日，"回南天"的天气现象就出现了。一大早，整个校园都笼罩在浓雾之中，墙壁上渗出了细密的水珠。正如之前查到的资料所说：低温突然回暖会产生"回南天"。那么反过来，湿暖天气突然遇冷会不会产生"回南天"呢？

6 为了验证这个猜想，小科学家们做了以下实验：首先用玻璃板做了一个密闭的空间，来模拟室内的环境；同时在旁边增加一层蓄水槽，准备注入冷水，模拟热空气遇到湿冷墙壁的情况。随后，他们在玻璃板围成的空间内放置了加湿器、温湿度计和摄像机。加湿器用来提高空间内的湿度，温湿度计用来记录数据，再用摄像机记录内壁上产生水珠的过程。经过45分钟的观察，模拟室内的"低温墙壁"布满了水珠，证明了他们之前的猜想：湿暖空气遇冷空气是会产生水珠的。

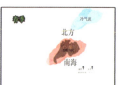

7 我国南北方湿度差异较大。在北方，冷暖空气相遇，会直接产生降雨或降雪；而在南方，除可能产生降雨外，由于地表湿度较大，突然升温会使沉积在地表的湿冷气体首先变暖，湿度增大，遇到仍然较冷的物体表面就会凝结成水珠，这也就是岭南地区产生"回南天"的原因了。

8 "回南天"给我们的生活带来了哪些困扰呢？该如何解决？他们发现，在"回南天"的这段时间，学校有些教室的瓷砖因为受潮脱落，既影响美观又可能产生危险。如何能够解决这个问题呢？

9 经过咨询装修设计师，他们了解到："回南天"期间，墙面大量积水，水从瓷砖合缝渗入瓷砖内部，导致瓷砖脱落。找到了瓷砖脱落的原因，他们打算从瓷砖的设计入手，减小水珠渗入瓷砖合缝的机会。他们改造了瓷砖上下结合时的缝隙，通过凹凸V形设计，使得水珠落下时只会在竖直方向上渗水，减少了瓷砖横向的渗水。对比普通瓷砖和防渗水瓷砖的渗水面积，通过计算他们发现，防渗水瓷砖的渗水面积比普通瓷砖减少了29.3%，能够很大程度上预防"回南天"时造成的瓷砖脱落。

10 这种防渗水瓷砖在理论上的可用性，已经被证实了。但是如何将这种瓷砖投入生产生活呢？他们已经开始了下一个实验……

虽说"回南天"是岭南地区常见的现象，但是当同学们真的准备拍摄时，"回南天"却怎么也不出现。等候"回南天"的时间，贯穿了同学们2016年的整个春天。他们每天收看天气预报，一天一天地等待，终于等到"湿气漫天"的这一天。等待是漫长的，但是机遇总是会眷顾有准备的头脑。小科学家们的耐心最终换来了属于他们的幸运。

蓝鲸的话

科学探究点评专家
姜冬梅　博士

短片从南国的"冷汗"入题，形象生动，引人入胜。同学们通过调查采访、观察记录的方法，探究了南方特有的天气现象"回南天"的形成原因。该短片的亮点是同学们设计模拟实验、制作动画解释"回南天"形成的过程，深入浅出、直观易懂。短片结尾同学们尝试设计防受潮、防脱落的瓷砖，展示了他们未来的研究工作。短片科学探究内容完整，思路清晰，解释合理，是一部优秀的作品。

出镜与表达点评专家
薛建峰　制片人

配音清晰，吐字标准。探究过程记录完整，采访中使用手持话筒，与被访者对话自然。实验环节如能适当加入同期声，会更加生动有趣。团队成员如能加强镜头前的表达，会使科学探究的过程更加丰富。

脚本与解说词点评专家
尚钊　教授

标题需再推敲。解说内容充实，但不够准确（如结尾），不够简洁，往往忽视了画面的作用，如："这是加湿器，对模拟室内环境进行加湿""通过这台摄像机来记录室内墙壁的变化"等解说可以省略。

STS 精神与教育意义点评专家
张红梅　副总编辑

对生活中常见现象的科学内涵进行深入的研究，经过一个春天的等待，同学们终于抓住了回南天的"手"，找到了回南天天气现象产生的原因。短片中体现出的抓住问题不放的科学探究精神，是该片教育价值的体现。同时，同学们的实验设计、动画解释，表现了他们运用模型解释科学问题的出色能力。

STS 精神与教育意义点评专家
吕萌　总编辑

对于家乡特有的"回南天"这一现象，孩子们不因其司空见惯而漠视它的存在，而是亲自验证它的形成，更是在研究过程中发现了现实问题。他们通过绘图分析、动画模拟、制作方案，提供了实质性的解决方案。

科学影像　点燃梦想

"蓝鲸科学电影院"获奖作品评析

第三篇　关注工程技术篇

二维码的秘密

在内地观赏影片

在海外观赏影片

当扫二维码已经成为我们生活中习以为常的行为时，你有没有想过二维码的秘密呢？河南焦作市实验小学的何子奇、陈汉锋、毋雨乐三位同学对二维码产生了浓厚的兴趣，打算一探究竟。

蓝鲸的话

1 大家知道吗？世界已经被一种黑白相间的小方块占领啦！扫描这个小方块，可以领奖品，可以了解一些东西的来源、特性等，我们的工作、生活、学习变得越来越方便。这个小方块就是二维码，它已经覆盖了人们生活的方方面面。但你对它了解多少？

2 何子奇、陈汉锋、毋雨乐决定探究一下二维码的秘密。

4 三位同学对不同种类的二维码进行扫描，结果除了 QR 码其他二维码均不能被手机软件识别。他们上网查阅资料了解到，因为 QR 码应用极为广泛，所以大多数二维码扫描软件都只能扫描 QR 码，其他种类的二维码需要专业软件或工具才能识别。但是，如果 QR 码受到损坏，也会导致其不能被识别。那么，QR 码受损到什么程度就不能被识别了呢？

3 他们上网查阅资料了解到，二维码是在条形码的基础上开发的一种储存数据的容器，最常见的二维码是日本开发的 QR 码。除了 QR 码，还有汉信码、DM 码、PDF 417、GM 码、CM 码、Code 49、Code 16K 等。其中，汉信码是中国自主研发的二维码。一个汉信码最多可以包含 7829 个数字，或 4350 个字母，或 2714 个汉字。QR 码，中文又称"快速响应矩阵码"，是日常生活中最常见的二维码，以识别速度快而闻名。存储字母时，数据容量为 4396 字符。GM 码，中文称"网络矩阵码"，由 6×6 的宏模块组成。这种二维码的识别能力十分强大，没有固定的识别点，能够实现 360° 扫描。

PDF 417 DM码 QR码
Code 49 Code 16K 汉信码
网格矩阵码（GM码） 紧密矩阵码（CM码）

5 三位同学的第一个猜想是：如果二维码的颜色与底色太接近，有可能导致其不能被识别。他们尝试了红色二维码蓝底、蓝色二维码灰底、蓝色与黑色二维码绿底，结果都不能被手机软件识别。

他们采访了河南理工大学的师生，了解到二维码中不同的图案，其实是起到了存储信息的作用，通过特定的解码方式，将图案中存储的信息解密出来。

 **6** 他们的第二个猜想是：如果二维码被图案覆盖、被撕掉、被涂黑，有可能导致其不能被识别。他们尝试了几种不同的叠加方式，得到了上面表格里的结果。

11 为了弄清楚市民对二维码的了解程度，他们设计了调查问卷。通过调查，他们发现广大市民对二维码有一定的了解，但是并不知道二维码还分为 QR 码、汉信码、PDF417 等多种类。

 **7** 他们的第三个猜想是：如果将二维码剪成几块，再拼在一起，有可能导致其不能被识别。他们尝试将二维码剪成两块、四块后，再拼在一起，结果剪成两块的可以被识别，剪成四块的不能被识别。

 **12** 通过这次探究，三位同学更进一步地了解了二维码。他们还给自己学校的图书馆建议，把一些书籍放在网上，同学们通过扫描二维码即可在线阅读，既方便学生，又节省空间。

 **8** 他们的第四个猜想是：如果二维码的图案被扭曲、浸湿、熏烧，有可能导致其不能被识别。经过尝试，同学们发现扭曲"回"字形图案的二维码可以被识别；被浸湿二维码不能被识别；被熏烧的二维码可以被识别。

三位同学从身边的问题出发，按照科学探究的思路完成了一部优秀的探究纪录片，从中我们可以看出他们对问题的执着探究和解决问题的决心。大家知道支付宝扫"福"是什么原理吗？

蓝鲸的话

9 通过上述探究，三位同学得出结论：1.二维码制作时需要较大的颜色反差；2.不要过分遮挡二维码；3.不要遮挡二维码上的"回"字形图案；4.不要破坏二维码；5.二维码所含信息不要太多，否则，容易识别错误或失败。

科学探究点评专家
姜冬梅　博士

　　同学们对日益增多、随处可见的二维码产生了兴趣，探究了它的构成方法，调查了公众对二维码认知的误区，并探究了二维码部分缺失后是否仍然能起到辨识的作用等。在探究过程中，同学们对现代信息科学知识的了解越来越丰富了。同学们从身边的问题出发，通过查阅资料、采访和实验一步步开启知识的大门，是一部优秀的青少年科学普及短片。

出镜与表达点评专家
薛建峰　制片人

　　使用了同期声让交流现场更生动。二维码的实验过程只是各种画面的链接，如果以主持的方式，配合动手讲解会更为生动。配音表达匆忙，整体缺乏"人的故事"。拍摄者的故事也没有呈现，稍显遗憾。

脚本与解说词点评专家
尚钊　教授

　　选题接地气儿，有群众基础，标题准确简明。解说充分流畅，只是语调和画面不够和谐。要充分认识画面和语言各自的长短，协调好二者的关系。调查访问环节不够简洁。

STS 精神与教育意义点评专家
张红梅　副总编辑

　　非常熟悉和经常使用的东西往往被人忽视，面对生活中处处可见的二维码，三位同学能及时发现问题，并做了深入的探究，不得不让人佩服孩子们的观察能力。随着三位同学对二维码秘密的一步步揭示，让观众对二维码的产生、用途及特点有了进一步的了解。科学微电影的科普作用在该短片中得到了充分的体现。

STS 精神与教育意义点评专家
吕萌　总编辑

　　现今社会科技飞速发展，二维码产生不久，孩子们已经敏锐地感觉到其在应用中可能遇到的问题，于是进行了探究，设想了在应用中可能遇到的各种问题，进行了多种测试，得出了注意事项。他们又通过采访和问卷调查，了解二维码存储信息的功能，向学校图书馆提出建设性的提议，使研究有了实际意义。

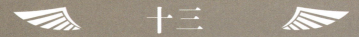

蛛丝钢缆

——斑络新妇蜘蛛丝坚韧性探究

在内地观赏影片

在海外观赏影片

你知道一根蜘蛛丝能拉起多重的物体吗？它又细又长，并不起眼。但是张帆、王彦舒、马一诺三位同学却将蜘蛛丝比喻为"钢缆"，他们认为蜘蛛丝有像钢缆一样的坚韧性。为什么敢这么说？让我们一起走进他们的探究。

蓝鲸的话

1 夏季的香港，翠鸟啁啾、溪水潺湲，到处生机盎然。走在丛林中，三位同学发现一只手掌大小的蜘蛛悬于蛛网上，尤为显眼。这是什么蜘蛛？它是如何结网的？

2 三位同学上网查阅资料得知，这种蜘蛛的学名叫斑络新妇，是香港最大的原生蜘蛛。但是，网络上有关斑络新妇蛛网的资料很少，他们决定再去野外进行观察。

4 通过观察，同学们发现斑络新妇的蛛网分为三层，斑络新妇总是在中间一层网活动。当斑络新妇进食过后，食物残渣则会被抛落在其负面朝向的网。斑络新妇蛛网的设计十分巧妙，网的连接点多固定在坚韧的枝干、叶片，甚至电线杆上。即使人为进行较大幅度的摇晃，蛛网依然稳定地悬挂在空中。

3 再次走进丛林，同学们很快发现了许多只斑络新妇，有的刚好正在结网。

5 同学们对此产生了兴趣，他们捕捉了斑络新妇蜘蛛，搜集了蜘蛛丝，准备设计实验，对斑络新妇蛛网的连接方式及蛛丝的特性进行探究。

7 经过反复实验，同学们发现17°的倾角恰好是让蛛丝断裂的临界值，即当斜面倾角大于或等于17°，蛛丝承受不了小车的拉力并断裂；小于17°时，蛛丝不断裂。

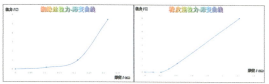

6 同学们准备了白纸、木板、量角器、剪刀、蓝贴胶、电子秤、小车、橡皮筋等，制作了斜面用于实验。他们设计了实验步骤：1.测量小车的质量为122g；2.裁剪5cm的蛛丝；3.将蛛丝的一端固定在挡板上，另一端固定在小车尾部；4.使小车在重力作用下沿倾角为5°的斜面往下滑，计算蛛丝受到的拉力并观察其形变程度；5.增加斜面的倾斜角度，使小车下滑，记录蛛丝受到的拉力和形变。

8 将蛛丝换成橡皮筋，重复上述实验。根据记录的数据，同学们分别做出了蜘蛛丝"拉力—形变"曲线和橡皮筋"拉力—形变"曲线。通过比较可以发现，在受力相同的情况下，蛛丝的形变程度大于橡皮筋的形变程度，但是蛛丝在斜面倾角为17°时会发生断裂，说明单根蛛丝达不到理想的坚韧效果。

9 如何才能增加蜘蛛丝的坚韧性？同学们进行了讨论，并在老师的帮助下利用微距镜头观察蜘蛛的纺射腺（蜘蛛吐丝的器官）。通过观察，同学们发现斑络新妇蜘蛛的纺射腺有 6 个纺器，这说明蛛丝不是由单根丝构成，而是由 6 根细丝拧成的一根精巧的蛛丝缆绳。

11 将 60 根蛛丝拧在一起，增加了蛛丝的坚韧性。现实中也有类似的做法，例如香港青马大桥主跨部分的钢缆，横截直径 1.1m，就是由 33400 条直径 5.38mm 的镀锌钢丝组成，拧丝成股，以极简的形式，获得了极大的承重能力。

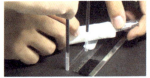

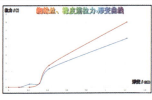

10 同学们由此猜测，如果把多根这种蛛丝缆绳拧在一起，坚韧程度是否会更好呢？他们将 10 根蛛丝拧在一起，制作成由 60 根细丝组成的缆绳，并再次进行了实验，同时与橡皮筋的形变程度进行对比。这次，蛛丝不仅在 20° 倾角的斜面没有断裂，甚至在 90° 时都能承受小车的拉力。通过这次实验，同学们发现横截面积更小的蛛丝达到了与橡皮筋几乎相同的形变程度，并且坚韧性也并不比橡皮筋差。这说明，60 根细蛛丝可以在更狭小的空间内完成与橡皮筋几乎相同的承重、拉伸任务。

12 由此，同学们猜想，如果将 33400 根蜘蛛丝拧在一起，其坚韧性又会如何？如果将镀锌钢丝换成仿蛛丝结构的缆绳，是否可以在更狭小的空间，建设同样稳固、安全、完备的吊桥呢？同学们决定继续探究下去。

斑络新妇蜘蛛有手掌那么大，背部还有鬼脸一样的图案。在短片中，三位同学在用微距镜头观察蜘蛛纺射腺的时候，其中一位叫张帆的女同学戴上胶皮手套，竟然大胆地用手抓住"鬼脸蛛"，以便拍到稳定的画面。小科学家沉着冷静、勇敢认真地进行科学实验的镜头，给我们留下了深刻的印象。

蓝鲸的话

科学探究点评专家
张波 博士

蜘蛛丝具有很好的坚韧性，这个观点并不陌生。但是，蛛丝到底有多强的坚韧性呢？从野外考察，到室内实验，再到数据分析，同学们对蜘蛛丝与橡皮筋的坚韧性做了对比与分析。探究过程完整，对蜘蛛丝坚韧性的论述，还需要更多的实验作为证据来支持，希望小科学家们能继续探索下去。

拍摄与剪辑点评专家
吕尚伟 院长

全片结构完整，拍摄的素材也颇为生动，微距拍摄蛛丝细节，升格、降格运用得当，图文、图表制作精良。解说、配乐相得益彰。

出镜与表达点评专家
薛建峰 制片人

配音表达清晰，科学探究的过程记录完整。抓到蜘蛛的环节保留了原汁原味的同期声，显得真实生动。从表达上看，创作者偏于冷静，略少了一些感染力。

脚本与解说词点评专家
尚钢 教授

过门长了点儿。根据画面内容、色调的不同，解说当然可以随之变化，但必须坚持多样统一原则，统一于主题，统一于立意或者倾向。

STS 精神与教育意义点评专家
张红梅 副总编辑

短片充分体现了孩子们极强的向大自然学习的意识，也表现出了孩子们克服害怕心理，特别是在面对外形可怕的大蜘蛛时，勇敢不畏缩，进而实验才能得以顺利实施。同时，还有一点非常值得肯定，因为要与蜘蛛亲密接触，做好防护十分有必要，这点同学们做得很好。

STS 精神与教育意义点评专家
吕萌 总编辑

三位同学以尊重自然、适应自然、向自然学习的态度认真观察，大胆设想，利用工程学原理，合理地设计对比实验，并在过程中不断改进，并根据结论对其应用于实际进行大胆的猜想。

长腿行者

——盲蛛的步行方式

在内地观赏影片

在海外观赏影片

森林里，一只长腿的盲蛛吸引了陈南泽同学，它悠闲地迈着8条长长的细腿，变换自如地向各个方向随意挪动着步子，非常稳定。陈南泽着了魔一样，一观察就是几个小时，终于获得了一个重要的发现。

蓝鲸的话

1 2015年暑假，陈南泽同学来到了香港，穿梭于香港的各大郊野公园之间，他常常被各种神奇的小动物吸引，其中最神奇的莫过于这种"长腿怪"——盲蛛了。

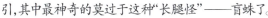

 盲蛛在野外的环境适应能力很强。它不仅可以在枯枝败叶中出没，还可以在山石上飞檐走壁，始终保持着"闲庭信步"一样的悠然自得和稳定。为什么盲蛛的步态如此稳定呢？陈南泽对盲蛛的步行方式产生了极大的兴趣，他捕捉了一些盲蛛准备做室内观察。

3 回到营地，他上网查阅资料后得知，所发现的这种盲蛛属于长脚盲蛛的一种。这些小生灵之所以叫作盲蛛，是因为它的视力十分差，背上的复眼也只能用于感应光线变化。

4 经过观察，陈南泽发现盲蛛的身体结构很特殊：躯干部分只有绿豆般大小，8条足也是极细，一副弱不禁风的样子。但是一身"轻装"却是它成为"跑步高手"不可少的条件。4对足分为7节，这些灵活的关节和每条足触地端如同虾的触角一样，柔软的结构（节肢结构）让盲蛛可以自由地调节身体高度，轻松化解快速移动带来的冲击力。

5 更让人惊奇的是，盲蛛虽然是8足动物，但它只用6条足来行走，它的第二对足会在行走的过程中不断触碰地面，只用于探路，弥补盲蛛视力方面的缺陷。所以，盲蛛既不同于那些用8足行走的蜘蛛，也不同于只有6足的蚂蚁，盲蛛的步行方式到底是怎样的呢？

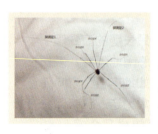

6 为了准确记录盲蛛的步行过程，陈南泽将第二对足标记为"探测足"，其余标记为"步行足"，不同的步行足，又分别标记了字母：左前为X、右中为Y、左后为Z、右前为X'、左中为Y'、右后为Z'。他分别选取了8足盲蛛、7足缺探测足盲蛛、7足缺步行足盲蛛，用高速摄像机拍摄下这些盲蛛的步行过程，放慢所拍摄内容，仔细分析盲蛛的步行过程。

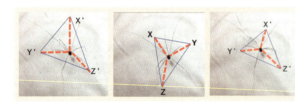

7 陈南泽发现，8足盲蛛在步行时会呈现"三角步态"：X、Y、Z 3条足固定在地上支撑身体时，X'、Y'、Z' 3条足抬起向前迈进；迈进一段距离之后落在地面上支撑身体，X、Y、Z抬起向前迈进，再落下，循环往复。

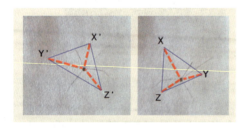

8 7足缺探测足的盲蛛，在步行时保持三角步态式的步行方式，X、Y、Z与X'、Y'、Z'交错向前迈动。

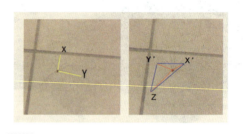

9 7足缺步行足的盲蛛，步行时并没有三角步态，但依然保持三条足站立，两条足向前迈进。

10 盲蛛这种奇异的步行方式带给我们许多灵感，也许在不久的将来，当行星探测器遇上复杂的地形时，就可以用盲蛛步行方式来化解前进道路上的种种障碍。

在用高速摄像机拍摄了盲蛛的步行过程后，如何合理解释盲蛛的步行方式？这让陈南泽同学伤透了脑筋。他反复回看慢速视频，终于总结出了盲蛛步行的"三角步态"规律。短片完成了，但是陈南泽同学的研究并没有结束。他又有了新问题，盲蛛为什么可以随时向各个方向前进呢？他继续深挖，查阅了很多关于动物学、工程学、仿生学、机器人学方面的书籍，进一步建立了盲蛛"伞形—多节—万向"的步行方式模型。我们期待他的下一部作品吧！

蓝鲸的话

科学探究点评专家
张波 博士

从发现一种陌生的动物，到确定它是什么动物，再到确定研究它的步行方式的稳定性，然后通过高速摄像机记录下步态，最终分析建立了"三角步态"的模型。虽然短片只有短短8分钟，但是却包含了一个辛苦的探索历程。我们看到了陈南泽同学分享给我们的研究成果，更看到了他如何成长为一位热爱科学、执着研究的小科学家。

出镜与表达点评专家
薛建峰 制片人

配音表达准确，吐字、音色标准；探究过程完整；介绍摄像器材和软件的一段出镜有设计，是精心准备的，虽然是小小的尝试，但很规范。

脚本与解说词点评专家
尚钊 教授

标题（"长腿行者盲蛛的步行方式"）不规范。可以去掉"盲蛛"或"盲蛛的步行方式"。解说开头两句可删去。小题目做大文章，是正确的选择。但需要从细从深下功夫。

STS 精神与教育意义点评专家
张红梅 副总编辑

把复杂的结论简洁明了地表达出来，最好的方式就是模型解释。短片对盲蛛步行方式的模型解释，既准确又生动。在中国的科学教育中模型解释一直是我们的短板，是难点。陈泽南同学大胆地尝试用数学模型解释盲蛛的动作，化难点为亮点，是本次科学探究最为可贵的地方。

STS 精神与教育意义点评专家
吕萌 总编辑

作者为了对盲蛛的步行方式进行探究，对它的8条腿进行分类，并做了编号。这样的处理对于记录和解释盲蛛的步行方式起到了非常直观的效果。有了前边的一系列探究作为铺垫，作者最后对于行星探测器在复杂地形行进问题的设想也显得合理了。

科学影像　点燃梦想

"蓝鲸科学电影院"获奖作品评析

第四篇　关注生命篇

十五

探究 "外星战士"

——盲蛛

在内地观赏影片

在海外观赏影片

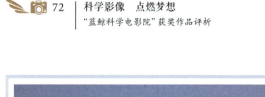

郑博涛、黄益垒两位同学在香港郊野公园发现了一种很特别的小动物，它们长得就像科幻电影里的"外星战士"一样。这种小动物长得像蜘蛛，可是又不是蜘蛛，它到底是什么呢？

1 这个动物非常特别，它的身躯如此小，却又长着长长的足，这是什么动物？郑博涛、黄益垒两位同学捕捉了这种小动物，准备回家用微距镜头观察。

2 使用微距镜头仔细观察，可以清晰地看到这种生物的细节，先将镜头对准腹面，每只足都有强大的肌肉支撑，仿佛螃蟹一般。他们查阅资料后得知，原来它是盲蛛。

3 再次观察后两位同学发现盲蛛其实不属于蜘蛛。首先，形态对比，蜘蛛身体分为头胸部与腹部两部分，盲蛛的身体头胸腹不分节。其次，眼睛对比，蜘蛛头部有8只眼，盲蛛只有1对眼，而且长在腹部。最后，足只对比，蜘蛛有触肢和螯肢，盲蛛也有，但是蜘蛛是8只步行足，盲蛛的步行足中，6只用来步行，2只用来探路。通过形态对比观察，两位同学可以明确地区分盲蛛和蜘蛛了。

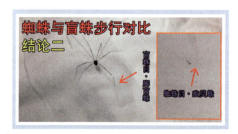

4 他们还发现盲蛛的步行方式很特别，那么，它和蜘蛛在步行方式上有什么不同呢？就让盲蛛和蜘蛛来一次步行方式的PK吧! 他们将盲蛛与蜘蛛的步行拍摄记录后进行对比，发现蜘蛛是8只足在步行，而盲蛛是用6只足来步行，其中两只足作为触角来探路。盲蛛所呈现出的惊人的平稳性，使得在步行方式PK中，盲蛛优于蜘蛛。

5 继续实验，两位同学使用高速摄影技术，记录下盲蛛在平地、上坡、凹凸不平的地面，以及水中等环境下的出脚顺序，他们将盲蛛的脚分别以英文字母来进行标注，试图找出一定的规律。

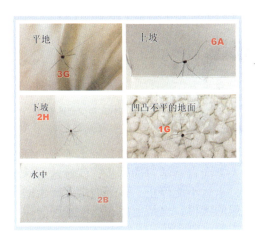

盲蛛在不同环境下的步行方式

组别	走路脚顺序
平地	CAHGDCAHDCA
上坡	CAHFGADFAABH
下坡	FACHGABFBFCBHG
凹凸不平的地面	GCACGADAGA
水中	ABFDABHFDCAGDCDBA

6 "外星战士"盲蛛的步行方式具有极大的稳定性，不管是上坡、下坡，还是在凹凸不平的路面或是水中等不同环境下，步行都能够平稳自如。

7 研究中两位同学还发现，在打斗中失去一只足的盲蛛，在恶劣的生存环境中依然能顽强地活着。"缺胳膊少腿"的"外星战士"仍然能平稳步行。不管是5只足、6只足或7只足的盲蛛，都还能在不同的环境下步行自如，并不影响它们步行的速度和平稳。

8 如果盲蛛的步行方式能够应用于未来的外星探测器，不管探测器降落在哪种环境中，它运行起来都会是平稳的，人坐在里面也会非常舒适，不会东倒西歪。同时，如果因为意外事故使得探测器失去1只或2只足的话，宇航员依然能很平稳地坐在探测器里。从此，我们就可以像盲蛛这个"外星战士"一样，到外星去行走了！不远的将来，"盲蛛号"载人外星探测器一定会走上火星、土星、木星……

盲蛛喜欢在温暖潮湿的地方活动，在有冷气的空调室内，盲蛛竟然一动不动。郑博韬、黄益垒两位同学大夏天在室内拍摄时，为了观察到正常运动的盲蛛，闷在屋里不开空调，汗流浃背地拍摄了一周，终于有所发现。

蓝鲸的话

科学探究点评专家
姜冬梅　博士

盲蛛奇特的外形引起了两位初中一二年级同学的好奇，他们从探讨盲蛛和蜘蛛的区别入手，到探讨盲蛛和蜘蛛在步行方式上的差别，希望能为未来的探月设备找到稳定着陆和前进的方案。他们巧妙地设计了记录迈步顺序的方法来研究盲蛛的步行方式，很值得赞赏。整个项目对盲蛛做了大量的初步研究，但是在进一步得出科学结论方面还显得捉襟见肘。两位初中生的作品探究逻辑清晰，且能够抓住问题不放，不断克服困难，对盲蛛进行仿生学研究、机器人模拟研究，实在是难能可贵。

出镜与表达点评专家
薛建峰　制片人

配音很生动，情绪饱满；拍摄过程中出镜不足，在床上观察的出镜也有些随意。创作时已经被盲蛛、被外星科幻所吸引，忘了讲我们的故事。

脚本与解说词点评专家
尚钊　教授

标题可考虑去掉"探究"二字，也可考虑从盲蛛的步行方式命题。开头有点儿"蛇足"。解说词再推敲，力求准确简洁。"让我们来做个实验，观察一下吧"之类的句子纯属多余。

STS精神与教育意义点评专家
张红梅　副总编辑

神奇的盲蛛，带来的是一个神奇的领域。人类向自然学习的脚步，就像这盲蛛一样，永远不能停止。孩子们由此产生的对自然的敬畏，也是他们在科学发现影像活动中的重要收获。

STS精神与教育意义点评专家
吕萌　总编辑

学生通过认真仔细地观察，将盲蛛和蜘蛛进行了对比，又运用分解动作的方式，对盲蛛在平面、上下坡、凹凸不平的地面和水中的各种行进情况，进行对比观察分析，并且极具想象力，大胆设想将其行进方式的优势运用到火星探测器上。

长尾巴的灰喜鹊和喜鹊

在内地观赏影片

在海外观赏影片

科学探究就像侦探破案一样有趣！左佑、高潼舒、路文萱三位同学从发现雪地里的脚印开始"侦破"，寻根究底，一步步跟踪下去，揭开了一个谜团。

蓝鲸的话

1 2016年寒假，郑州下了一场中雪，左佑、高潼舒、路文萱在雪地玩耍时，发现了一些奇怪的脚印。这是谁的脚印呢？

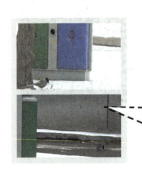

2 根据脚印的样子——三个叉、一个主干，他们推测这些应该是某种鸟类的脚印。同学们顺着脚印寻找，发现几只长尾巴灰喜鹊正在垃圾桶边觅食。

4 从深冬到开春，不管是雾霾天、晴天，还是雨天，同学们都坚持在室外观察拍摄。他们发现，随着季节的变换，灰喜鹊并没有迁徙，这说明灰喜鹊是一种留鸟。

中文学名：灰喜鹊
拉丁学名：Cyanopica cyanus
中文目名：雀形目
中文科名：鸦科
中文属名：灰喜鹊属

3 他们上网查阅资料得知，灰喜鹊是雀形目鸦科灰喜鹊属的一种鸟。这些灰喜鹊吃什么，喝什么，在哪里栖息？为了更深入地了解灰喜鹊的生活习性，同学们继续到野外观察。

5 灰喜鹊喜欢群居生活。它优雅漂亮的长尾巴，主要用来协调并保持身体的平衡，让其更易穿梭于林间。

6 灰喜鹊是杂食性动物，草丛里的草籽、树上的果实，甚至丢弃的垃圾都是灰喜鹊的美餐。郑州市大大小小的垃圾箱，为灰喜鹊提供了充足的食物保障。偶尔，机灵的灰喜鹊还能从居民阳台上发现晾晒的香肠、腊肉，可以开开荤，大吃一顿。

7 冬去春来，万物复苏。各种活跃的昆虫让灰喜鹊的食物逐渐丰富起来。松毛虫、黄刺蛾、蝼蛄、金龟甲、地老虎等一些害虫都是灰喜鹊的美餐。一只灰喜鹊一年大约吃 15000 条害虫，它们以这种特殊的方式保护着我们的城市。

蓝鲸的话

拍摄鸟类的生活习性是很不容易的，专心、耐心、恒心必不可少。左佑、高潼舒、路文萱三位同学从穿着棉袄开始研究灰喜鹊，到穿着短袖结束本次研究，长达两个学期的观察、拍摄让同学们从单纯地观察鸟类，走上了爱鸟、护鸟的道路，真正成为了鸟类的朋友。

8 除了灰喜鹊，同学们在野外观察时还遇到了喜鹊，它和灰喜鹊同属于雀形目鸦科。在郑州市区里，灰喜鹊居多，偶尔能看到喜鹊的身影；在城乡结合部，喜鹊则特别多。

9 在城市的马路上，我们常常看见高高的树杈上有大小不同的鹊窝。鹊窝是用一根根细小的枯枝搭成的，看似简单，却又恰到好处。一次次、一枝枝、一杈杈……最后筑造成一个精巧的鹊窝。

10 三位同学以自己的小学为中心，在方圆 5 公里内寻找鹊窝的踪迹。经过近 3 个星期的走访、调查，他们发现了 89 个鹊窝。同时，他们还发现有些灰喜鹊无家可归。

11 三位同学开始自己动手做鹊窝。他们选用三合板，利用胶枪加固，做成了一个个精美的鹊窝。他们希望把这些鹊窝送给无家可归的灰喜鹊和喜鹊，希望更多的人爱鸟、护鸟。

科学探究点评专家
姜冬梅 博士

短片中同学们探究了一种大家常见的鸟类——灰喜鹊,从研究灰喜鹊作为留鸟如何过冬入题,开展了一系列的观察活动,并持续了两个学期,体现出了小科学家们的浓厚兴趣和坚持不懈的精神,但是在观鸟的方法上缺乏指导,探究不够深入。作品难能可贵的是,把自己的爱鸟活动推广为学校的爱鸟周活动,制作鸟巢、宣传鸟类知识等具有科学普及意义。

出镜与表达点评专家
薛建峰 制片人

出镜者在片中表达自然,每一次观察的节点都有几句话是在当时当地的自身感受传递;尤其是边观察边在地下画出喜鹊的爪子,这个段落给人留下深刻的印象。真实记录环境、现象、观察者的感受是科学探究非常重要的任务,也是影像记录工具的优势。该片团队的整体出镜也是一大优势,大半年的观察拍摄让他们融入科学探究活动中,在完成微电影的制作后,又能和观众一同分享其中的乐趣。他们给喜鹊做人工鸟巢的环节更是表达了从己做起、身体力行的社会责任。

脚本与解说词点评专家
尚钊 教授

标题应当再具体一些,或者再小一点儿,就会探究得深入一些。解说太多,似乎忘记了画面的存在,更完全忽视了画面的作用,尤其是它的表情作用。

STS 精神与教育意义点评专家
张红梅 副总编辑

大半年的野外观察,需要的是耐心与毅力。野外观察特别是对鸟类的观察更是难上加难。尤其是在大雪天坚持野外观察,在大面积范围内做鸟巢数量统计,这组同学们的努力和毅力都值得称赞!功夫不负有心人,他们的镜头告诉我们:他们的努力得到了丰厚的回报。

STS 精神与教育意义点评专家
吕萌 总编辑

孩子对未知事物充满了好奇和探究的欲望。但要不怕吃苦受累、坚持不懈地去观察研究却是极难做到的。所以,要为这三位同学点赞。探究过后,他们为无家可归的灰喜鹊制作鸟窝,显示出孩子们的爱心是多么的纯粹。

是谁打败了鬼脸蛛？

在内地观赏影片

在海外观赏影片

人们用"摆下八卦阵，专捉飞来将"来形容蜘蛛善于布网和捉虫的本领，可是你见过捉蜘蛛的"飞来将"吗？苏昱雯、周思源、郑博文等六位同学组成了探究小分队，他们每天扛着摄像机爬龙虎山，登南丫岛，蹲守芭蕉林。对着蜘蛛网架起摄像机，一拍就是几个小时。终于，他们拍到了捕食蜘蛛的"不速之客"。

蓝鲸的话

1 在南丫岛上，树干、枝杈间总能发现一些大个头儿的蜘蛛，它的8只足黑黄相间，足有手掌那么大！它的腹部有黑黄相间的条纹，头胸部的图案酷似鬼脸的样子，令人毛骨悚然，所以有人称它"鬼脸蛛"。它就是蜘蛛目肖蛸（xiāo）科络新妇属的斑络新妇蜘蛛。

3 鬼脸蛛总喜欢倒挂在蛛网上，当它感知到猎物撞上网时，倒挂的鬼脸蛛便会以迅雷之势冲向猎物，第一时间放毒麻醉对方，随后钩起6根黏丝捆绑猎物，直至将猎物捆成"木乃伊"为止。为什么它能快速出击？原来，倒挂金钟可以巧妙地利用地球重力加速度，真是独门绝技啊！鬼脸蛛依靠四样"独门暗器"，加一招"独门绝技"，使自己成为"森林霸主"。

2 除了8只足，鬼脸蛛口部还有2对附肢。紧靠口部的那对叫作螯肢，尖端长有毒腺，鬼脸蛛就是靠这对"生化武器"制敌于死地。靠外的另一对为须肢，会帮助它感知与夹住猎物。鬼脸蛛依靠纺器吐丝，用第4对足架起蛛丝，编织蛛网。鬼脸蛛的蛛网编织精巧，一套完整的蛛网共分3层，不仅有捕猎网，有的还在捕猎网前后编织了垃圾网和保护网，这让鬼脸蛛既能捕获误撞上网的小动物，还能有效地保护自己不受攻击。

4 在观察鬼脸蛛的过程中，苏昱雯意外地发现了一只鬼脸蛛的尸体。这是探究小分队的6位同学第一次发现鬼脸蛛被杀。是谁打败了"森林霸主"？鬼脸蛛的天敌是谁？

5 有一次小分队听到空中有嗡嗡的声音，队员们定睛一看，原来是一群蜜蜂正在和一只鬼脸蛛大战。最终蜜蜂宣告失败，十来只蜜蜂成了鬼脸蛛的战利品。这次观察，让小分队确认蜜蜂不是杀死鬼脸蛛的凶手。

6 为了找到杀死鬼脸蛛的元凶，小分队准备在发现鬼脸蛛被杀的地点芭蕉林蹲点守候。小分队发现，鬼脸蛛捕食时，有三种胡蜂总会在蛛网周围徘徊，尝试抢夺鬼脸蛛的食物；甚至在鬼脸蛛不注意时，胡蜂还会在蛛网上偷偷觅食。这三种胡蜂，一种是印度异腹胡蜂，一种是黄腰虎头蜂，一种是变侧异腹胡蜂。凶手是这些胡蜂吗？

7 入夏，芭蕉树头已开花结果。胡蜂们虽然都是食肉动物，但也喜欢吸食芭蕉树头的花蜜。蜂多蜜少，胡蜂们会相互攻击，争抢花蜜。看来，胡蜂是攻击性很强的蜂类。

8 小分队的同学们发现，潜伏在芭蕉树林的鬼脸蛛，常常可以猎食到肥大的胡蜂。看到胡蜂束手就擒的样子，好像胡蜂也可以排除凶手的嫌疑。

9 蹲守过程中，苏昱雯率先发现个别鬼脸蛛的身体呈现红色，它们为什么和一般的鬼脸蛛不一样呢？小分队决定仔细观察一个泛红的鬼脸蛛，看看它会发生什么变化。经过耐心地守候，他们终于找到了答案。

10 这只泛红的鬼脸蛛，竟然开始蜕皮了。蜕皮后的鬼脸蛛身体软软的，悬挂在自己尾部的丝上。它在空气中渐渐风干后，才慢慢恢复硬度和力量，最后能够重新回到网上，但它仍然没有恢复"森林霸主"的功力，还需要数小时才能开始移动。这时，只见一种红色的小蜘蛛，开始在它身边爬来爬去。原来，这是鬼脸蛛"先生"，前来向硕大的鬼脸蛛"小姐"表达爱意呢！雄性鬼脸蛛选定了雌性鬼脸蛛最柔弱的时段求偶，是为了避免强悍的鬼脸蛛"小姐"把它当猎物吃掉。

12 经过两周的守候，小分队终于找到了杀死鬼脸蛛的凶手——胡蜂。一般情况下，胡蜂很难捕食到鬼脸蛛，相反胡蜂经常会成为鬼脸蛛的盘中餐。但是，当鬼脸蛛刚刚蜕皮后，软软的身体抵御不了胡蜂的攻击，便成了胡蜂的猎食对象。在鬼脸蛛不同的生长发育阶段，鬼脸蛛和胡蜂形成了互为天敌的关系。

13 "森林霸主"鬼脸蛛的天敌之谜终于被揭开了。选择在芭蕉林织网的鬼脸蛛，虽然可以猎食到肥大的胡蜂，却也增加了被捕食的风险。

11 正当苏昱雯和队友为眼前的景象感叹时，更惊奇的一幕发生了。不知从哪里飞来一只胡蜂向刚蜕皮的鬼脸蛛小姐发起了攻击！一向强大的"森林霸主"因为刚完成蜕皮，身体柔软，功力尽失，完全没有还手之力，只能任由胡蜂宰割。而粗心的鬼脸蛛先生还在继续自己的求偶动作，完全不知道鬼脸蛛小姐已经被胡蜂杀死。

苏昱雯、周思源、郑博文等同学在酷暑下拍摄的情形给观众留下了深刻的印象。他们为了等待鬼脸蛛蜕皮交配的那一刻，冒着中暑的危险，耐心地等待。他们收获的不仅是成功者宝贵的意志品质，还收获了一份可遇而不可求的"幸运"。他们真的发现了鬼脸蛛的天敌！这是一个让多少大科学家都羡慕和赞叹的机遇啊！

蓝鲸的话

科学探究点评专家
姜冬梅 博士

一只蜘蛛被杀了，值得大惊小怪吗？短片中研究小分队的6位同学用自己的好奇心捕捉到了一个了不起的科学命题——斑络新妇蜘蛛的天敌是谁？他们翻山越岭，跨海登岛，深入丛林开展野外考察，专注地观察，持续地拍摄记录，积累了大量弥足珍贵的第一手资料。他们反复拍摄到的胡蜂捕杀斑络新妇蜘蛛的视频，生动真实地揭示了杀死鬼脸蛛的"凶手"，深入浅出地推出了科学结论，逻辑合理，令人信服。建议苏昱雯等同学能将该作品整理成一篇科学论文发表和分享。

出镜与表达点评专家
薛建峰 制片人

配音表达稳中有力，静中有动，较好地表达了在鬼脸蛛科学探究过程中紧张、悬疑和较量的氛围。探究过程记录完整，酷暑烈日下蹲守观察镜头中传递着对科学探究的执着追求。

脚本与解说词点评专家
尚钊 教授

标题有点儿小了，可再推敲。结构层次分明，内容充实。可尝试撮要法，即提炼具有标志性的词、句、段，置于起承转合的枢纽位置，作品会更清朗精神。解说流畅生动，希望在准确的前提下力求简洁。

STS 精神与教育意义点评专家
张红梅 副总编辑

为了观察到胡蜂捕食鬼脸蛛的镜头，短片中的同学们付出的不只是汗水，还有遭受蚊虫叮咬、台风、暴雨等考验。经历过风雨才能见彩虹，坚持不懈地观察永远是青少年科学发现影像活动的主旋律，同时，也是培养学生意志品质的极好的教育时机。

STS 精神与教育意义点评专家
吕萌 总编辑

蹲守，耐心地守候，可以想象是多么的不容易和枯燥。孩子们发现鬼脸蛛和胡蜂互为天敌，可以说是幸运的，也是必然的。因为坚持、有恒心，是科学探究成功的一个必要品质。

入侵生物

——福寿螺

在内地观赏影片

在海外观赏影片

初夏，走在岭南的乡下，你会经常见到一些红色的卵块附着在墙壁上、坡面上，这是谁的卵？为什么有如此之多的卵？让我们一起看看来自广东省佛山市顺德区胡宝星职业技术学校的罗沛霖、刘康、麦婉莹三位同学是如何研究这些卵块的吧！

蓝鲸的话

1

罗沛霖、刘康、麦婉莹三位同学住在佛山市顺德区杏坛镇的乡下。夏天到了，在村里河道两岸的护坡上，她们看到了许多粉红色的卵块。这些卵成堆地聚集在一起，在阳光的照射下，晶莹剔透，像是一团团粉嫩的"小珍珠"。

2

原来，这是一种叫"福寿螺"的外来入侵生物的卵。福寿螺已经被列为中国首批外来入侵物种，它都有哪些危害呢？应该怎么防治呢？三位同学打算从她们住的村子入手，调查福寿螺入侵的情况，找到防治方法。

3

她们来到河边，在临河的房屋墙壁上、水边的植物上都发现了福寿螺的卵。同时，在水草里还有福寿螺出没。经过一番走访，三位同学发现，福寿螺的入侵情况已经非常严重了，无论是河边还是池塘，都生活着大量的福寿螺。这么多卵，再过一段时间，恐怕村子里的福寿螺会成灾。

4

如何防治福寿螺呢？她们捉了一些福寿螺，并采集了卵块，决定先从研究福寿螺的习性开始。

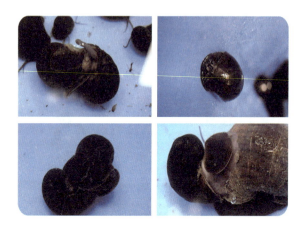

5 她们把福寿螺放在大的塑料盒内观察，只见有的福寿螺两两缠在一起，原来它们开始交配了。

6 交配后的福寿螺会在当晚或者隔天产卵。一只福寿螺每次能产约 200 颗卵，一年能产卵 20 次。同学们幸运地用摄像机拍到了福寿螺产卵的镜头。福寿螺的繁殖能力如此之强，想要防范这种入侵生物会有很大难度啊！

7 卵经过 3 周的孵化，小福寿螺破壳而出了。小福寿螺通体浅红色，身体的形状和活动方式都跟成年的福寿螺相似，拖着"红壳"爬来爬去。福寿螺卵的孵化率也如此之高，防治福寿螺的难度又增加了！

8 接下来，三位同学打算研究福寿螺的食性。她们准备了野菜、蔬菜、鱼饲料来做一组实验。福寿螺首先把蔬菜吃光了，然后开始吃鱼饲料，最后才选择吃野菜。实验说明了福寿螺对农田蔬菜的危害是十分大的。

9 在做调查的过程中，同学们发现养殖户会用石灰对鱼塘进行消毒，那么，石灰会对福寿螺产生影响吗？

10 她们打算做第二组实验，来看看石灰水是否会对福寿螺的生长产生影响。她们把石灰放入水中，混合成石灰水，分别倒入放置着福寿螺和卵块的容器中。倒入石灰水后，福寿螺马上就缩进了壳里，紧闭盖口。随后，分别把经过一个小时和两个小时浸泡的福寿螺取出，放入清水中，观察它们的生存情况。15分钟后，不管是幼螺还是成螺都分别伸出了管子进行换气。看来，石灰水虽然能够抑制福寿螺的活动，但并没有对它的生命造成直接威胁。经过石灰水浸泡的福寿螺卵仍然具有生命力。三位同学把经过石灰水浸泡的卵放置4天后进行观察，发现卵块中已经有成型的小福寿螺了。看来，石灰并不能够有效地杀死福寿螺。实验说明，福寿螺在遭遇严酷环境的情况下，会关闭壳盖进行自我保护，等待适宜环境的到来。福寿螺对恶劣环境的抗逆性也如此强，防治难度更高了！

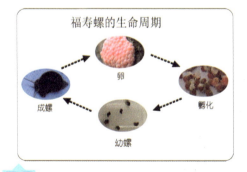

福寿螺的生命周期

卵

孵化

幼螺

成螺

11 那么，到底应该怎么防治福寿螺呢？同学们总结了观察结果，绘制了福寿螺的生命周期图。她们认为，福寿螺在卵的时期最为脆弱，这个阶段是防治福寿螺的最佳时段。

等候拍摄福寿螺产卵、孵化并不是容易的事，三位同学与老师一起，不间断地守候着，持续观察了三个月之久。麦婉莹同学有幸参加了首届国际青少年科学发现影像大赛，在比赛现场，她向评委阐述了项目的探究思路、探究过程和遇到的困难，最终获得了中华基金"热爱家乡专项奖"和"优秀科学微电影"二等奖。

蓝鲸的话

科学探究点评专家
姜冬梅　博士

　　三位同学的作品向大家介绍了一种入侵生物福寿螺，她们观察了福寿螺的生命周期，设计了防治实验，发现福寿螺具备强大的繁殖能力、高孵化能力和抵抗恶劣环境的能力。三位同学很想找到防治福寿螺的方法，但是最终作品中未能找到一个简单有效的方法，稍显遗憾。作品对生命周期的拍摄相对完整，不失为一部优秀作品。

拍摄与剪辑点评专家
吕尚伟　院长

　　探究过程完整，画面拍摄和剪辑制作都较为工整，但节奏稍慢，镜头拍摄和图文图表缺乏令人眼前一亮的感觉。

出镜与表达点评专家
薛建峰　制片人

　　配音平缓，吐字清晰，对科学探究的内容做到了心中有数；福寿螺的探究过程记录完整清晰；实验环节也是有条不紊地进行，充分体现了认真、客观、冷静、理性的科学思维。

脚本与解说词点评专家
尚钊　教授

　　开头结尾都比较简洁，入题快，收尾利索，但主体部分显得松散，没有紧扣"入侵"做文章。语调过缓过平，缺乏表现力。

STS 精神与教育意义点评专家
张红梅　副总编辑

　　发现问题比解决一个问题更难。三位同学能不断地发现问题，非常值得肯定与鼓励。科学探究正是需要这种发现问题的能力。相信通过这次活动，善于发现并提出问题的能力将会伴随她们终身。

STS 精神与教育意义点评专家
吕萌　总编辑

　　学生探究由浅入深，像是拨开一层层迷雾，先是观察福寿螺的饮食习惯，进而探究其生物入侵的危害性，然后做实验研究为什么它容易生存。学生还会运用图示的方法，发现了福寿螺的弱点，为以后探究解决方法埋下伏笔。

在内地观赏影片

在海外观赏影片

大自然中有各种各样的伪装大师，它们将自己伪装起来，令天敌难以发现。但是它们都没有躲过陈南泽、李林源、楼丽娟三位同学敏锐的眼睛。三位同学用镜头捕捉到了一个又一个伪装大师。让我们一起分享他们的收获吧！

蓝鲸的话

1 香港有很多郊野公园。这些郊野公园表面上一片宁静和谐，实则暗藏杀机。雀鸟、蜥蜴、蜘蛛等各种捕食者正在暗处虎视眈眈，随时准备捕猎。只怕小动物们一个不留神，就会成为它们天敌的盘中餐。那么，这些弱小的动物是如何在天敌的眼皮底下生存的呢？

3 紧接着，他们又发现了一团会移动的枝叶碎屑，一只小虫子正躲在里面蠕动着，原来是蓑蛾的幼虫。蓑蛾幼虫用丝将枝叶碎屑织在一起做成"摇篮"，自己就可以躲在里面平安长大了。三位同学把沫蝉幼虫与蓑蛾幼虫的避敌策略归纳为"遮遮掩掩"。

2 陈南泽、李林源、楼丽娟三位同学在郊野公园考察时，树丛中一团白色泡沫引起了他们的注意。泡沫附着在路边的树干上，白白的一大片。他们将泡沫拨开一看，里面竟然有一只虫子。原来，这是沫蝉的幼虫，它吐出白色的泡沫躲在里面，在这险象环生的自然界求得生存。

4 有壁虎！他们在岩壁上发现了中国壁虎。壁虎的肤色与岩壁颜色极为相似，甚至与岩壁一样有斑点。如果壁虎"按兵不动"，天敌还真难发现它们。

5 山崖边树枝上竟然有东西在移动！那是什么？原来是一种绿色的螳。他们沿着树枝观察，发现了一对绿色的螳正在交配。它们躲藏在树叶中一动不动，完全与周围环境融为了一体。

6 随后，三位同学在树叶和草丛中发现了同样利用绿色作为"掩护"的螽斯、铜绿丽金龟子，以及一种不知名的毛毛虫。这些动物都是利用体表颜色与自然环境颜色相似的特点，隐藏在环境中，以降低敌人发现自己的可能性。三位同学把这种避敌策略归纳为"保护色"。

7 揭开了伪装大师们遮遮掩掩与保护色的面纱，三位同学兴奋不已，他们睁大了眼睛，举着摄像机四处寻找更神秘的伪装大师。

8 树干上，一段长着眼睛的"树枝"正在盯着他们，它就是传说中的"拟态高手"——竹节虫！竹节虫身体修长，犹如在风中摇摆的一段枯树枝。三位同学查阅资料得知，竹节虫喜欢在晚上活动，白天则很少活动。

9 除了竹节虫，他们还发现了另一个伪装大师，一种看起来像小树枝的虫子。它慢慢地蠕动着，周围一有动静马上静止，俨然是一节断树枝。经过与动物图鉴相比对，他们知道了这种小动物名叫尺蠖，是尺蛾的幼虫。

12 基于观察和查到的资料，他们发现这些小动物有三大共同特点：第一，无防身术，它们都没有毒针、利爪、利牙做防卫，也没有坚硬的外壳做保护，一旦遇到天敌无力反抗；第二，居无定所，它们多数没有固定的巢穴，四海为家，面临被捕食的风险；第三，往往行动缓慢，遇到危险难以逃脱。

10 绿叶丛中，三位同学偶尔会发现两只枯萎的叶子，其实那并不是枯叶，而是枯叶蝶的翅膀。木质栏杆上，他们发现了翅膀上长着大眼睛的蜡蝉，这双大眼睛会让一些视力不好的捕食者望而生畏。更有趣的是，他们还在花丛中发现了一对更大、更有神的眼睛，它藏在暗处一动不动时，真像是一个伺机捕食的猎人。他们仔细观察后发现，原来这是眼蝶的翅膀。

13 一种生物在这方面有缺陷，就要在另一方面有优势，它们利用遮遮掩掩、保护色、拟态等策略，使自己立于"不败之地"，也使大自然显得更加五彩缤纷！

11 同学们经过讨论，认为竹节虫、尺蛾幼虫、枯叶蝶、蜡蝉、眼蝶，这类小动物都是将自己的身体形态模仿成自然界中其他生物，让捕食者难以发现或误判为其他生物，这种避敌策略就是"拟态"。

想找到伪装大师可不是一件容易的事情，同学们要有敏锐的观察能力，还要有足够的耐心去寻找。7月是香港最热的时候，三位同学选择了这个研究课题就意味着选择了"夏练三伏"。他们每天在烈日下寻找，把一个一个伪装大师收入镜头，在屏幕上为观众展示了一个神奇的生命世界。

蓝鲸的话

科学探究点评专家
张波　博士

　　短片中的科学探究项目建立在长期野外观察和大量第一手资料的基础上，三位同学不仅拍摄到了众多具有伪装本领的小动物，还归纳分类出几种不同类型伪装术的特征。短片所展示的各种小动物神奇的伪装本领，使观众透过他们的镜头，放飞了自己的好奇心。

出镜与表达点评专家
薛建峰　制片人

　　两位配音者的配音表达沉稳，男声的配音与画面的配合度相对较好；在探究过程中创作者有意识地使用了现场同期声，但表达不够完整。

脚本与解说词点评专家
尚钊　教授

　　结构平稳，内容充实。总结部分逻辑不够清晰，层次不甚分明。解说词要注意整体风格相对一致，与画面内容和谐统一。像"香港地处热带，是一个物种丰富的地方。时维七月，序数初伏。伴着清凉的水汽，我们来到了⋯⋯"就显得不文不白，不自然。像"合理索取"，明显有逻辑错误了。

STS 精神与教育意义点评专家
张红梅　副总编辑

　　弱肉强食是自然界的生存法则。弱小动物能生存下来，自然有它们过人的本领和专属的绝技。从对弱小动物的观察中，观众不仅领略了动物们为生存而操练出的神奇本领，还获得了很多人生的有益启迪，这正是本短片的教育价值所在。

STS 精神与教育意义点评专家
吕萌　总编辑

　　动物的伪装既然是伪装，就会是非常难以发现的。因而，对"伪装大师"的观察就会是一个艰苦的寻找过程。尤其要找到利用遮遮掩掩、保护色、拟态等策略来保护自己的各种动物，一一对其进行观察，谈何容易。学生总结出来伪装动物的三个共同特点，是在对多种伪装动物观察后给出的，可以说是科学的、全面的。

金斑虎甲的食蜗性探究

在内地观赏影片

在海外观赏影片

很多步行虫都会以蜗牛为食。香港野外很常见的金斑虎甲是步行虫科虎甲虫亚科的动物，那么它是否会捕食蜗牛呢？它是遏制非洲玛瑙螺在香港泛滥的主要力量吗？朱兆轩同学带着这一连串的问题来到香港进行探究，他希望自己的研究能够对自己家乡正在爆发的非洲玛瑙螺泛滥提出有效的防治策略。

蓝鲸的话

1 香港是一个闹中有静的地方，实际建筑开发面积不到整个香港的 30%。它环岛而建，岛的沿岸是密密麻麻的"水泥森林"；而岛中心的山上却有着茂密的森林，到处花花草草，鸟啼虫鸣。在港岛的龙虎山郊野公园中，朱兆轩同学发现了一种带有金属光泽的昆虫，它看上去风度翩翩，在阳光的映衬下发出七彩的光芒。

2 朱兆轩到香港中央图书馆查阅到了与这种昆虫相关的资料。它的名字叫金斑虎甲，肉食性，在香港大部分郊野都能见到。与"弱小"的第一印象不同，金斑虎甲长着镰刀形的大颚，生性凶猛，可以捕食各种体型较小的昆虫，处于食物链的上层。

八星虎甲蟲
Cosmodela batesi

3 步行虫是可以以蜗牛为食的，北美有一种步行虫就叫食蜗步行虫。《寻虫记》一书中提到的非洲大蜗牛，20 世纪六七十年代在香港肆虐，农作物受灾，而近十多年来数量明显减少。既然金斑虎甲也属于步行虫科，那这些披着"金甲"的战士是否能进攻非洲大蜗牛呢？如果可以，那非洲大蜗牛被遏制就可能与它们有关。

4 找到足够的研究对象是件困难的事。金斑虎甲虽然外表光彩绚丽，但它行动迅速，很难捕捉。有物体靠近时，它能震动翅膀，进行短距离飞行。朱兆轩在香港龙虎山郊野公园寻找了一个下午，也仅仅捉到了4只金斑虎甲。他从山上下来，夜色渐黑，等船的时候，在码头旁的花坛里正巧发现了非洲大蜗牛。

5 实验对象都找到了，朱兆轩就立即开始准备实验。他将4只金斑虎甲、2只长胸缺翅虎甲、2只非洲大蜗牛、1只本地蜗牛和2只蚂蚁放在实验箱内。朱兆轩开始期待着一场"虎甲PK蜗牛"之战。

6 然而，朱兆轩连续数个小时的观察发现，几只虎甲虫不仅对蜗牛没有兴趣，甚至对蚂蚁也一点"意思"都没有。他猜想，很可能是虎甲的数量太少，而非洲大蜗牛个头又太大，虎甲虫根本就不敢靠近。再加上虎甲虫足上没有吸盘，无法爬上光滑的玻璃箱壁，而蜗牛和蚂蚁则可以随意地"飞檐走壁"。

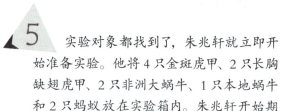

7 第二天，朱兆轩又来到了龙虎山郊野公园。有了第一次的经验，这次他直奔虎甲经常出没的地方。他走路时低头观察，看到有昆虫从脚边跳起，就知道八成是虎甲了，因为有人叫它"引路虫"。经过两次的观察和捕捉，朱兆轩发现，虎甲一般会出现在临近草丛的路面上，而且下午到傍晚是虎甲的活跃时间。

8 捕捉虎甲，要从它的背后慢慢靠近，盒子慢慢悬于它的上方，在合适的高度迅速出手，不然它就逃之夭夭了。经过一下午的忙碌，这次收获不少，一共捉到了11只金斑虎甲、1只长胸缺翅虎甲，另外还有1只螳螂、1只蚂蚱。

9 回到家后，他将第二次捉到的金斑虎甲及其他昆虫放入之前的玻璃箱内，继续观察。过了一段时间，有几只金斑虎甲出现了交尾的现象。只见一只金斑虎甲趴在另一只身上，用长长的颚夹住身下的金斑虎甲。有时两只金斑虎甲的交尾会被其他金斑虎甲干扰，甚至出现三、四只虎甲抱在一起的情况。

10 随着时间的推移，玻璃箱内渐渐发生了变化。当朱兆轩再次拿起摄像机开始观察时，发现之前一起放进去的1只螳螂已经不见了踪影。随后，就看到1只金斑虎甲正大快朵颐地啃着一条螳螂腿。

11 不过，金斑虎甲仍然没有吃非洲大蜗牛。正在此时，一只刚刚交配完的金斑虎甲突然掉头冲向蜗牛，开始啃食起来。啃食过后，蜗牛身上出现了明显的伤痕。但非洲大蜗牛实在是太大了，这点儿啃咬似乎算不上什么。如果是非洲大蜗牛的幼虫，恐怕就会直接被虎甲啃咬致死。

12 虽然实验没有直接证明金斑虎甲能够吃掉非洲大蜗牛，但相对于玻璃箱内的泛光红蝽、蚂蚱和两种蚂蚁来说，非洲大蜗牛还是金斑虎甲的首选。如果在野外，可能非洲大蜗牛还没有长大就已经被虎甲等各种肉食性昆虫吃掉了。

13 非洲大蜗牛曾在20世纪70年代肆虐香港，那正是香港的工业发展时期，自然环境也相应地受到了一些影响。随着内地的改革开放，香港的各类工业都北移了，香港的自然环境也得到了迅速恢复，各种生物能够自然均衡地发展，有着良好和完整的食物链。这一点正是深受非洲大蜗牛入侵的深圳等其他内地城市所不能比拟的，也许比起治理生物入侵，保证本地物种的多样性和完整性更加重要。

一个腼腆的高中生渐渐喜欢上了闪着金属光泽的小动物，怎么抓金斑虎甲，怎么设计实验，观察结果说明了什么，研究的意义在哪里？习惯于“书本知识”“标准答案”的高中生一旦跳出思维的束缚，点子和想法就会像崩爆米花一样欢乐地爆发了。

蓝鲸的话

科学探究点评专家
张波 博士

　　大胆猜想，小心论证。短片中的同学带着问题来到香港，对"步行虫可以防止非洲玛瑙螺"的猜想进行了野外考察和实验验证，研究设计合理，并且观察到了一些有意义的结果。希望朱兆轩同学再接再厉，继续研究下去。

出镜与表达点评专家
薛建峰 制片人

　　配音表达稳重，吐字清晰，主动探究的情绪较好。在捉虎甲虫的过程中有行为过程的记录，如果这时候能保留同期声就更为有趣。出镜画面使用了逐格摄影的特技，较好地呈现了捉虎甲虫的难度；而低角度拍摄的观察镜头也很好地呈现了出镜人物的好奇心。

脚本与解说词点评专家
尚钊 教授

　　具体内容可圈可点的不少，比如对金斑虎甲的观察一段。但缺乏在主线贯穿下的整合梳理，有些内容就显得游离，主题也就难以突出。开头多余，一部研究昆虫的科学微电影，实在没必要先来几句"天下大势"。

STS精神与教育意义点评专家
张红梅 副总编辑

　　该短片提出了一个生物防治入侵生物非洲大蜗牛的大胆猜想，虽说最后还没有得到充分的验证，有待于进一步搜集证据，却是一个有创新性的猜想。牛顿说过："没有大胆的猜想，就做不出伟大的发现。"猜想不仅是一种重要的思想，更是解决问题的一种重要方法，它对于发展人们的创造性思维有着无法估量的作用。在目前我们的科学教育中，缺少的恰恰是对猜想这种能力的训练。

STS精神与教育意义点评专家
吕萌 总编辑

　　发现一种事物，想要了解它，必先从查阅资料开始。而选题也可以在资料中发现，比如本短片，学生就是从资料中发现"步行虫可以以蜗牛为食"这一点提出的，从而展开了对虎甲是否食用非洲大蜗牛的选题探究，即从资料中获得初步的选题，这也是一种选题的方法。

河口生态系统生物多样性调查

在内地观赏影片

在海外观赏影片

河口是河水与海水交汇的地方。随着河水的流动，河水与海水的比例时刻在发生着变化，河口水环境的盐含量也在不断地变化。生活在这里的小动物，必须适应不同含盐量的水环境，这是相当苛刻的生存环境。这样的环境是否会导致生物数量减少呢？让我们一起看看徐子宸、徐亦宸、段伟龙三位同学的调查。

蓝鲸的话

1 落日的余晖洒在南丫岛索罟湾河口的泥滩上，三位赶海的少年徐子宸、徐亦宸、段伟龙在礁石间发现了许多螃蟹，这些螃蟹就如一颗颗会动的小石子，在礁石间隐藏着。

2 河口有许多小动物，各具特色，数量众多。小动物们既要适应海水又要适应淡水，生命力太强大了。三位同学的疑问油然而生，这咸淡水交汇处是一种相对苛刻的生态系统，为什么还会有如此多的小生物呢？

3 著名的香港湿地公园也是典型的河口，有众多的湿泥滩，里面栖息着身背红甲、缓缓而行的招潮蟹，有活蹦乱跳的弹涂鱼，有荷花，还有红树等各种各样的植物。这让他们对河口生态系统产生了更加浓厚的兴趣。

4 他们在网上查到河水与海水交汇处的河口生态系统极其复杂，物种类别和数量都很丰富。为了探究河口生态系统生物的多样性，三位同学选定对南丫岛、石澳、梅窝三个地方的河口进行生态调查。

5 为了对比南丫岛、石澳、梅窝三个区域的异同，徐子宸和徐亦宸分别绘制了三个地方的平面图。

6 7月入伏天，他们冒着酷暑在河口考察，测量了三个地点的盐度差、河道走向，考察了人类活动，尤其是产生垃圾的量对环境情况的影响，由此来对比不同河口存在的差异。

	石澳海湾入口	南丫岛河口	梅窝河口
水类	海水	海水、淡水	海水、淡水
人口（概况）	小于6000	6000	10000
生活垃圾	多	中	少
有无污水直接排放	无	无	无
河流入海口类型	N/A	直进	直角弯
盐度差	N/A	0.4%-0.9%	0.4%-0.7%
地质	石滩	泥滩	沙滩
涨潮时河道宽度	N/A	15米	13.9米
生物种类	6	17	11
平均生物量/米方	24.7	77	27.4
总生物量	138937	3080000	102750

7 同时，在每个河口考察点，他们都设置样方，考察生物种类和数量。他们在河口的不同区域取一平方米大小的样方，挖出其中的动物，统计种类和数量，再对整个区域进行估算和对比分析。经过调查和分析，他们得到了上面的数据（见上表）。可以看出，南丫岛河口的生物种类和生物数量最多，其次是梅窝，生物种类最少的是石澳。

8 经过观察，南丫岛由于河道较直，海水涨潮时，河宽约15米，水流量较大，在地形上已形成了较为平坦宽阔的河海交汇处，在交汇处分成许多流量极小的水流，覆盖面积更广。

9 梅窝也是典型的河口生态系统，只是在入海口处，河道转了一个90°的大弯，导致河道冲击面积较小，没有足够多的淤泥。只有沿河道朝河水源头走去，才能发现比较多的小生物。

10 虽然石澳是典型的海岸生态系统，但作为对比，三位同学也把它列入了调查之中。在单一的海岸生态系统中，生物种类比较单一，缺乏多样性。

11 从这三处生态系统的对比可见，河道的走向、淤泥的沉积度，以及河口处人类活动的影响，是河口生态系统多样性的主要原因。与海岸生态系统相比较，河口的盐度差变化和河道带来的淤泥，使得河口具有更加复杂和多样的生态系统。

三位同学考察期间，清晨落潮，傍晚涨潮。落潮时河口的河水变多，涨潮时则海水变多。为了测定河口准确的盐度变化，三位同学必须起早贪黑，太阳出来前跑三个河口，太阳落山前再跑回来。为了拍到海上日出，他们甚至凌晨3点就起床。看着红红的太阳从海平面跳出来，三位同学也高兴地跳了起来。这种辛苦与快乐的极致体验，促使同学们在科学的道路上茁壮成长。

蓝鲸的话

科学探究点评专家
姜冬梅 博士

　　生态学考察是一项辛苦的科学探究。三位同学大胆地选择了研究河口的生物多样性，他们在完成该短片时遇到的困难和付出的辛苦可想而知。测定不同河口、不同时段的盐度，统计样方中的生物多样性，都在考验同学们计划与组织的能力。他们需要对人、财、物、时、空、情绪等方方面面做出合理安排，才能达到事半功倍的效果。从短片中可以看出，三位小科学家乐在其中，颇有收获。

出镜与表达点评专家
薛建峰 制片人

　　探究过程记录完整，河口生态系统需要在不同海岸调研，从他们奔波的身影中我们可以看到严谨的科学态度和完善的科学思维；与污水系统工作人员的交流也非常自然，看得出来是带着问题思考的；在河口的一段出镜表达，对实验环境和方案进行介绍，是科学探究过程中非常难得的科研人员的真实思维体现。

脚本与解说词点评专家
尚钊 教授

　　句子长，句病多。要尽量用短句子，短句子动感强，结构简单，容易把握。科学发现这类题材，本身就新鲜、生动、充满变数，更应该多用短句子。

STS 精神与教育意义点评专家
张红梅 副总编辑

　　从石澳到梅窝，再到南丫岛，一天要跑三个野外观察点，为的就是收集1平方米内的生物种类与数量。短片中三位同学不怕苦，敢于挑战极限的精神非常值得肯定与赞扬。成功总是眷顾那些付出更多的人。

STS 精神与教育意义点评专家
吕萌 总编辑

　　抽样统计调查，尤其是在野外，为了搜集足够的数据，会需要很多繁琐的调查。学生们在调查时会感到辛苦又枯燥，但正是这样，才会锻炼他们沉下心来，坚持不懈的精神，才能得出科学有效的调查结果。

假苹婆与红蝽之间
有毒素利用关系吗？

在内地观赏影片

在海外观赏影片

因为微信里的一篇文章，李文重和张元琦两位同学开始探索"假苹婆"和"泛光红蝽"的毒素利用关系。本以为一帆风顺的探究计划却问题不断，麻烦重重。从文献资料到哈佛教授，到底是哪里出了问题呢？

蓝鲸的话

1 暑假，李文重和张元琦两位同学一起来到了风景宜人、四季如画、环境优美的香港。一种色彩鲜艳、形状奇特的植物映入他们的眼帘，它的名字叫假苹婆。假苹婆成熟的果实呈大红色，每个上面吊着黑色的种子，像挂在天空中的海星，十分显眼。

2 在查询关于假苹婆相关信息的时候，他们读到了一篇由"科学大院"微信公众号发布的《版纳热带植物园的奇花异卉，美得让人惊艳》的文章，里面写道："红蝽吸食假苹婆种子中的毒素，然后利用假苹婆中的毒素武装自己，抵抗外敌。同时，红蝽也利用这种毒素来求偶，吸引异性。假苹婆与红蝽之间的毒素利用关系是动植物关系中的经典案例。"

3 李文重和张元琦同学看到这篇文章后，感到非常惊奇。因为在之前的观察中，他们曾多次发现过泛光红蝽的痕迹，也曾见到它猎食蜗牛等小动物，但从来没想过假苹婆与红蝽之间有毒素利用关系，这让他们很感兴趣。

4 随后，两位同学用谷歌学术查阅关键词，却查不到相关信息；他们又用百度试了试，也只能找到那篇"科学大院"

微信公众号上的文章，这让他们陷入了困境。更奇怪的是，他们还看到了一段关于人们食用假苹婆的惊人视频。

5 有科学家说它有毒，却有人拿它来食

用，这些相互矛盾的信息令两位同学十分担心。假苹婆到底有没有毒呢？如果有毒，怎么能食用它呢？如果没毒，它和红蝽之间怎么会有毒素利用关系呢？带着疑问，他们准备到大量分布假苹婆的南丫岛上进行考察。

6 来到南丫岛后，两位同学在假苹婆分布的周围仔细寻找着泛光红蝽的身影，他们终于拍摄到了一对正在交尾的泛光红蝽。它们一边交尾，一边吸食着假苹婆未成熟的果实。

7 雌性红蝽用它长长的口器插入假苹婆的果实之中，用力吸食着。而雄性红蝽被比自己体型大的雌性红蝽所牵制，身体翘在半空中，吸食不到果实，只好眼巴巴地看着。过了几分钟，雌性红蝽拔出了自己的口器，挪动几步换了个地方又插入口器继续吸食。

8 快看！穿着红色套装的红蝽在静静地吸食着一颗成熟的种子，简直和假苹婆浑然一体，让人难以发现。

9 又来了一只红蝽！费尽千辛万苦，它终于把口器插进了假苹婆的种子，开始享用美餐。经过长时间的观察，两位同学始终没有观察到它们捕食的情况。无奈之下，两位同学只能再去寻找更多的文献资料。

10 两位同学不会查阅专业的文献资料，就请哈佛大学的专家帮着查阅了数据库。遗憾的是，从现在一直追溯到1977年，再追溯到1924年，都没能在数据库中查到红蝽和假苹婆的毒素利用关系。无奈之下，两位同学决定设计实验，来验证假苹婆是否具有毒性。

11 他们猜想，假苹婆可能对昆虫有麻痹作用，于是设计了验证实验：他们分别准备了4个碗、4个喷瓶、2个捣药杵、1瓶蒸馏水。先将4个碗编号，分别放入假苹婆成熟、未成熟的果皮和种子。将4个碗分别用捣药杵捣碎并加入相同计量的蒸馏水，倒入喷瓶中。

12 他们来到太平山山顶，每发现护栏上有一种虫子，就把4种不同的假苹婆试剂喷上去。实验证明，假苹婆的果实和种子的水溶液对小动物的影响很小，不仅没有致死作用，甚至连麻醉的效果都没有。

13 十多天来，两位同学查阅资料，请教专家，进行实验，都不能证实假苹婆拥有毒性，更不能证明红蝽和假苹婆之间存在毒素利用关系。是他们的科学探究错了吗？还是科普文章的"经典案例"并不经典，而只是一个道听途说的猜想呢？李文重和张元琦同学打算继续研究下去。

在人类科学发展的历程中，有不少挑战权威的故事，比如哥白尼推翻"地心说"，提出"日心说"。我们身边同样有这样质疑权威的科学故事发生，你能讲出一个吗？

蓝鲸的话

科学探究点评专家
张波 博士

两位专注的少年，两种有趣的生命，一个"权威"的毒素利用关系。但是，在观察和实验步步深入的过程中，他们不曾想到自己竟然开始扮演了挑战权威的角色。实验结果的客观性使他们增强了对权威观点的质疑，最终证明假苹婆与红蝽之间的毒素利用关系是不正确的观点。目前社会上缺乏科学依据的信息泛滥，各种想当然的观点充斥着网络、书籍甚至课本，两位小学生大胆质疑、小心论证，令真正的科学工作者也深表钦佩。希望越来越多的青少年具备科学的思考和辨别能力！

出镜与表达点评专家
薛建峰 制片人

配音流畅，观察、实验环节过程记录完整。摄影在拍摄时需要兼顾到行为中的"人"。片中手持摄像机擦汗的镜头短短一闪，却给观众留下了深刻的印象。

脚本与解说词点评专家
尚钊 教授

布局工稳且一点儿也不"八股"。结尾有如撞钟，余音袅袅，很有科学探究的特色。解说内容充实，包含了所需的信息，但有些虚泡囊肿，结合画面，多读几遍，勇于"割爱"，才会有硬朗挺拔之气。

STS 精神与教育意义点评专家
张红梅 副总编辑

科学探究中最需要的是实事求是的精神。两位同学对网上流传的红蝽吸食假苹婆的汁液产生毒素，并利用毒素来猎杀食物的说法产生怀疑，通过大量的野外观察记录和实验，证明了这种说法并不成立，观点是错误的。科学不仅需要创新和发现，更需要这种实事求是的态度，证伪也是科学探究的重要方面，是一种成功。在经历了这个过程后，相信这种求真的精神，会影响这两位同学的一生。

STS 精神与教育意义点评专家
吕萌 总编辑

质疑，是科学探究的一种基本能力。对别人的结论存疑并亲自验证，这是一种科学的态度。两位同学虽然最后没有验证出假苹婆与红蝽之间有毒素利用关系，却排除了假萍婆本身对昆虫有麻痹作用的猜想。必须叮嘱两位小科学家，做实验要戴手套哟！有没有毒，都要防止中毒。

后记

科学少年在成长

姜冬梅

　　翻开《透过镜头　放飞好奇》和《科学影像　点燃梦想》这两本书，"蓝鲸科学电影院"里的一个个科学少年跃然纸上，他们不仅在我的脑海中记忆犹新，今天他们的形象、他们的故事也集结在了这两本书中，每位读者都可以轻松地通过读书或者扫描二维码看到发生在他们身上的科学探究故事，了解是什么放飞了好奇，是什么激发了创新，是什么点燃了梦想，是什么让他们自信地去开启成功的人生航程。原来，影响他们的是一个崭新的青少年活动 —— 科学发现影像活动，俗称"科学微电影"活动，它竟然具有如此神奇的魔力。

"泛光红蝽"引发的好奇

　　著名的博物学家达尔文在进行环球考察前就特别喜欢到森林里观察小动物、采集标本。有一次，他被一棵树上的几种甲虫所吸引。于是左手一只，右手一只，还有一只没处放，他就含在了嘴里。那只霸占了他的口腔的甲虫毫不客气，竟然迅速地吸食他的唾液，让达尔文大为惊讶。这个小故事是我读小学的时候在"星星火炬"里听到的，我一直想找到吸食唾液的甲虫，虽然未能如愿，但是等我当了科学教师之后，我却发现了像达尔文一样喜欢昆虫的学生们。

　　三个初中毕业生，霍嘉铭、张若澜、石景舒，就是像青年达尔文一样的学生。2014年暑假，他们参加了香

港青少年科学发现微电影夏令营，共同完成了人生的第一部科学微电影作品《科学的"蜻"天》。这部作品记录了他们被一种漂亮的红色臭虫"泛光红蝽"所吸引，夜以继日地观察这种小生命取食、繁殖的特点，发现泛光红蝽明明喜欢吃"肉"，善于捕杀蜗牛、毛毛虫、蛞蝓，可是昆虫学资料上却显示泛光红蝽是"植食性"，这不由得让他们产生了怀疑。他们挡不住内心的好奇，进入森林，反复研究泛光红蝽在食物链中的角色。他们的科学微电影作品《科学的"蜻"天》在2014年"第五届全国青少年科学影像节"上一举获得"高中组最佳作品"的好成绩，2016年这部作品被推荐参加美国波士顿"首届国际青少年科学发现影像大赛"（The first International Youth Science Fair for Discovery Videos），再次获得优秀科学微电影作品一等奖。一种臭虫引发的好奇，竟然成就了三个初中毕业生的科学探究之路。

三位同学在完成第一部作品后，都升入了高中，课程明显紧张了起来，但是他们都没有停下参加科学发现影像活动的脚步。2015年暑假，霍嘉铭和石景舒所带领的小组完成了他们人生的第二部科学微电影作品《帝国的交通》，他们研究三种蚂蚁的交通方式，揭示了值得人类学习的蚂蚁帝国的交通。为了完成探究，他们常常是深夜打着灯观察拍摄，凌晨还在对着电脑分析和整理素材。正是这种抓住不放、深入研究的精神，使他们发现了蚂蚁这种小生命不仅会修建立交桥，而且还会筑造隧道和掩体工程！

2016年暑假，霍嘉铭已经是科学发现影像活动中的学长了，他尝试担任了辅导老师的角色，开始指导严知、郝哲等学弟学妹们共拍摄了3部科学微电影作品，其中《生化结合治理白蚁》将镜头对准了白蚁，而《是谁杀死了鬼脸蛛？》和《POSITION》两部作品将镜头对准了"森林霸主"鬼脸蛛。小组6位同学常常就是6个机位，分头守候着6个观察点的鬼脸蛛。他们遭遇过台风、暴雨、烈日，但是他们都没有放弃野外蹲守观察。功夫不负有心人，他们终于发现了使"森林霸主"曝尸荒野的凶手，原来是印度异腹胡蜂！这一发现刷新了关于"斑络新妇属蜘蛛"天敌的科学纪录。霍嘉铭、石景舒他们在科学探究中体会到了发现的快乐，就像传递火种一样，又把这种快乐传递给更多同学。这三部科学微电影作品均被送到美国波士顿参加"首届国际青少年科学发现影像大赛"，分别获得了一等奖、二等奖和三等奖的优异成绩。

早在他们的作品被送到美国波士顿参赛之前，三位同学和他们的科学微电影作品就已经走上了国际舞台。2015年12月，三位同学入选联合国气候大会观察员，远赴法国巴黎参加了第21届联合国气候变化框架公约缔约方大会（简称COP21），作为中国青少年见证了《巴黎协定》决定地球和人类未来的谈判历程。全球195个国家和地区的首脑和政要出席了COP21，其中也包括中国国家主席习近平、美国总统奥巴马等。当三位16岁中国少年的身影出现在会场的时候，引起了各国记者的关注。科学发现影像活动中接受的训练，让他们能够淡定从容地出镜，落落大方地表达和交流。霍嘉铭面对法国记者发表了中国少年对全球气候变暖的看法，张若澜面对中国记者侃侃而谈，石景舒为《小学生学习报》奋笔疾书写下了自己的联合国气候大会观察报告。

常言说，天道酬勤，在2017年春天来临的时候，三位同学的喜报频频传来。张若澜同学获得了纽约大学、北卡罗来纳大学教堂山分校、加州大学欧文分校、圣地亚哥分校、戴维斯分校等6所美国名校的录取；霍嘉铭同学获得了伊利诺伊大学香槟分校、明尼苏达大学双城分校、德州农工等3所名校的录取；石景舒同学也在2017年11月获得了澳大利亚悉尼大学、英国国王大学、英国帝国理工大学的录取。

霍嘉铭后来选择入读了明尼苏达大学双城分校的环境工程专业，并且获得了每年9000美元的奖学金。他的妈妈在2017年11月20日微信告诉我："三年来参加香港科学发现微电影夏令营的这些经历对孩子的影响很大！这个寒假嘉铭又报了大学专业课推荐的新西兰环境问题项目，他很喜欢这个专业。嘉铭有幸遇到了科学微电影！"

少年儿童时代是培养兴趣的最佳时期，这些兴趣根深蒂固地影响着青少年时期以至整个人生的发展。

2006年，杨沐华同学4岁的时候就看了很多来自日本的儿童科学影像作品，比如《瓢虫的七个变化》《黑穴蜂的习性和洞穴探秘》《南方的北国》《用四种水种水稻》等。那时候这些作品还没有翻译成中文，他虽然听不懂作品中的日语解说，却通过影像看懂了日本青少年正在进行的科学探究，他从小就希望自己也能像他们一样去研究、去拍摄。

小蚂蚁走向世界

2009年，杨沐华在清华大学附属小学读二年级，他和好朋友王子恬一起拍摄了他们人生的第一部科学微电影作品《水黾能在污水中生存吗？》，他们探究了哪种生活污水会导致水黾不能站在水面上。小小探究者在画面中展示出了对自然现象天然的好奇与淳朴的童真，从他们的言语中我们找到了已经忘记的好奇心。但是，这个研究项目完成后，并没有如期地剪辑成科学微电影作品。杨沐华同学刚刚拍摄完实验部分，姥爷就因为脑血栓突发导致瘫痪，他和父母忙着照顾姥爷，拍摄的素材也就被束之高阁了。一直到2013年，当杨沐华已经升入香港圣嘉禄学校小学六年级的时候，姥爷身体康复了，他才想起了当年姥爷陪他一起做的科学探究项目。打开电脑，找到当年拍摄的素材，他用会声会影软件剪辑完成了这份迟来的作品。每次看到当年姥爷陪着他一起在水塘边数水黾的温馨画面，杨沐华和父母、姥爷、姥姥都不禁热泪盈眶。这部作品不仅是一部科学发现微电影，更是一部一家三代亲子活动的纪录片，为杨沐华少年儿童时期的心理成长、科学思维奠定了坚实的基础。

科学微电影种下了好奇心的种子，种子就势不可挡地生根发芽了。在好奇心的引领下，杨沐华热爱上了科学探究，无论爬山，还是走路，他都会左顾右盼，不停地去观察周围的环境。"这些白色泡沫下躲着一只沫蝉！""那边岩石缝隙中钻进去一只蜥蜴！""远处树丛中藏着一群胡蜂！"小动物们总是逃不过杨沐华敏锐的眼睛，跟着他一起爬山，我们的眼睛简直就不够用了，随着他惊喜的报幕声，大自然的"演员们"闪亮登场，令我们目不暇接。自从他的第一部作品诞生，杨沐华同学创作科学微电影的兴趣一发而不可收，第二部、第三部、第四部作品接踵而至。2013年暑假，杨沐华和韩杰龙、李含溥同学一起在深圳著名的森林公园青青世界里完成了作品《躲在壳里的杀手 —— 非洲玛瑙螺》；2014年暑假，他和来自美国的高天同学一起在香港太平山完成了作品《守宫 —— 尽职尽责的妈妈》；2015年暑假，他和来自河南的苏昱雯同学一起在香港饶宗颐文化馆完成了作品《黄裙马蜂家族的成长记录》。已经参与了这么多科学探究项目，但是，杨沐华同学一直有一个夙愿没能实现 —— 研究缝叶蚁。

就在2010年杨沐华刚刚8岁的时候，他在香港花园道发现了一个缝叶蚁制造的叶包，但是因为当时父母着急赶路，他就被拉走了。以后他一直想再找到缝叶蚁，回到过花园道很多次，但是都没有发现缝叶蚁的踪迹。机会总是眷顾有准备的人，直到2016年的春天，在花园道附近的圣约瑟英文书院读中学的杨沐华同学，终于在校门口再次发现了缝叶蚁的踪迹！暑假一到，杨沐华叫上小伙伴叶若言、曹梓晔组成了一个"蚂蚁小组"，决定拍摄这种叫"黄猄蚁"的亚洲缝叶蚁，他们希望能够记录下黄猄蚁缝叶子的过程，揭开"缝"叶子之谜。他们准备了4K摄像机、大大小小几个不同型号的三脚架，万事俱备，就等黄猄蚁缝叶子了。

天有不测风云！蚂蚁小组首先遭遇了台风"妮妲"袭击香港，很多树木都被摧毁；紧接着他们又遭遇了香港少有的高温天气，在太阳底下要冒着接近40℃的高温观察；还有，就连警察都盯上他们了，看到杨沐华背着"长枪短炮"在中环和金钟附近东看看西瞅瞅地游荡，警察拦住他，要求他打开每一个黑色的袋子检查，看到每个袋子里都是摄像机、三脚架，警察才会心地笑了，终于放过了他。

杨沐华和他的队友找了几天都看不到缝叶子的黄猄蚁，正当他们有点绝望的时候，苦尽甘来，柳暗花明，杨沐华发现了几只黄猄蚁正在叼着白色的幼虫跑来跑去。"黄猄蚁要缝叶子了！赶快，跟踪追击！"杨沐华兴奋不已，果然，他们发现几只黄猄蚁正在通力合作，有的拉着两片叶子，有的叼着幼虫让它们吐丝，幼虫吐出的白丝层层加厚将两片叶子粘在了一起。杨沐华和队友幸运地拍摄到了黄猄蚁缝叶子的全过程！这些珍贵的镜头后来呈现在了他们的作品《大自然的裁缝》中。这部科学微电影作品分别报送2016年10月美国波

士顿首届国际青少年科学发现影像大赛、2016年11月中国沈阳第七届全国青少年科学影像节、2017年4月香港青少年科技创新大赛，一举获得三个最高奖项——"中华基金"最佳科学微电影奖、"科学万花筒"最佳科学探究纪录片奖、最佳科技创新项目奖。

花了差不多九十分钟，它们成功的把两片树叶缝在了一起

获得这些奖项之后，杨沐华和队友叶若言追随着内心的好奇，还要继续揭开关于黄猄蚁的更多未解之谜。黄猄蚁为什么缝叶子，这些叶包有什么功能、相互之间有什么关系？新的问题层出不穷，怎样继续深入研究呢？正在踌躇彷徨的时候，他们收到了一位署名 Frederick Leung 的信，信中说："我是你们在香港创新大赛上遇到的评委。如果你们想继续研究下去，我愿意辅导你们。请到我的实验室来。"他们上网一查，发现原来写信的人就是香港大学科学院前院长、生命科学院前院长、动物学家梁志清教授！这让他们喜出望外。杨沐华和叶若言走进了香港大学的动物学实验室，从那一天开始，他们的眼前推开了一扇新的大门，引领他们在科学的殿堂登堂入室。

在梁志清教授的指导下，杨沐华和叶若言共同完成了"大自然的裁缝"第二部作品《星系巢穴》。就在本书即将出版的时候，喜讯传来，他们的作品再次摘取了两项大赛的桂冠。2017

年10月美国波士顿第二届国际青少年科学发现影像大赛"亨达"最佳科学探究奖、2017年11月第八届全国青少年科学影像节"科学万花筒"最佳科学探究纪录片奖，同时，他们入选第69届国际科学与工程学大赛（Intel International Science and Engineering Fair，简称 INETL ISEF），将于2018年5月作为香港队代表赴美国匹兹堡参加这项全球顶级的青少年科学赛事。杨沐华和叶若言如同两只勤劳的小蚂蚁，正凭着对大自然的好奇和自己的不断努力，一步一步走向世界。

杨沐华、叶若言的作品于2017年在《小学生学习报》的"蓝鲸科学电影院"栏目刊登，引来了全国300多万小学生的关注，圈粉无数，有的小学生把他们当作"小科学家"，有的则把他们当作"大明星"。其实，在《透过镜头 放飞好奇》和《科学影像 点燃梦想》两本书中，收录了"蓝鲸科学电影院"的45部获奖作品，每部作品的作

者都是青少年心目中的"小科学家""大明星"，是值得学习的榜样。他们的科学微电影作品都真实地记录了自己的传奇故事，比如，来自上海宋庆龄学校的严知同学，从初中一年级暑假开始，连续四年4部作品在全国和国际比赛中获得优异成绩，在上海青少年科学界是赫赫有名的传奇人物；来自英国的华裔少年傅祉润同学，连续两年不远万里回到香港参加科学发现微电影夏令营，她和严知共同完成的科学微电影作品《皮包壳的树栖蜗牛》在一个月内就获得130万次的点击率，并且摘取了当年全国比赛的初中组桂冠，现在傅祉润同学已经是澳大利亚悉尼大学的一名大学生了，科学微电影的经历仍然让她念念不忘。

一个群星璀璨的地方

　　提起佛山市顺德区胡宝星职业技术学校（以下简称宝星职校），青少年科学教育界的老师们都会竖起大拇指。宝星职校并没有开设传媒、电影这样的专业，常规开设的专业有模具制造、工业机器人、汽车修理、会计、平面设计、旅游，主要是为当地的工业企业、旅游行业提供合格的一线工匠，所以学校把工匠精神作为培养人才的目标。也许正是因为没有传媒电影专业的缘故，所以每个学生对影像和新媒体都充满了学习的兴趣，每位老师也都想把影像和新媒体技术应用到自己的专业教学中去。宝星职校的校长正是抓住师生的学习心理，在全校开设了校本课程——科学微电影，由香港慈善人士胡宝星博士和胡韵琴女士资助，聘请香港青少年科学院的专家到校讲学。

　　科学微电影课程一开就是三年，先后三期，有240多名学生，90多位老师参加课程学习。有的学生和老师，连续三年反复参加课程班学习，每年都会完成一部科学微电影作品。2016年，宝星学校选送了14部作品代表学校参加全国和国际大赛，硕果累累；2017年，宝星学校再度选送22部作品参加全国和国际比赛，成绩斐然。许多在自己学校孤军奋战的辅导老师都很羡慕宝星职校，羡慕宝星职校在科学影像教育上强大的团队作战能力，赞赏他们成为了中国青少年科学影像教育界的"好莱坞"，一个个科学微电影明星在冉冉升起，群星璀璨。

　　陈林是宝星职校科学明星中闪闪发光的一颗。2015年11月，当第一期科学微电影课程开班的时候，这个"大头仔"就分外引人注意。他在每一次科学探究课上都积极发言，生怕错过每一次分享交流的机会。半年后，他果然做出了惊人之举——在学校的足球场正中间建立起了一个实验池！实验池是一个2平方米大的白色塑料水槽，有50cm那么高。水槽里不仅装满了水，而且种上了从河道里采回来的水葫芦，就连水也是从河道里一桶一桶拎回来倒进去的。他们要验证水葫芦是否能够对污水起到净化作用。让人哭笑不得的是，陈林他们小组在水槽上写了一张纸条"正在进行科学实验，请不要破坏！"于是偌大的一个足球场，大家踢足球的时候都会绕开这个实验池。他们的水葫芦净化污水的实验前后一共进行了整整4个月，实验池竟然安然无恙。全校同学真是把陈林的科学小组宠坏了！当然，陈林

小组也不辜负大家的期望，他们的科学微电影作品《净水青云——水葫芦净污能力的探究》获得了美国波士顿"首届国际青少年科学发现影像大赛"一等奖和最佳科学探究奖。

陈林有股子倔劲，做起科学探究项目不仅有兴趣，而且能坚持。周强就是看中陈林的这点，在2016年9月第二期科学微电影班开班的时候，和陈林结成了新的团队。一年后，他们俩的新作《桑基鱼塘》再度获得了"第二届国际青少年科学发现影像大赛"的一等奖和关爱家乡专项奖。对于周强来讲，这已经是他第二次拿到关爱家乡专项奖了。他的第一部作品《杏坛水乡保护伞——水闸体系》在"首届国际青少年科学发现影像大赛"上拿到了同样的关爱家乡专项奖。周强在佛山市顺德区杏坛镇长大，他对这里的草木、河流、土地都充满了感情，连续两年选择研究题目，他的观察都聚焦在"家乡"这个主题上。第一年为了研究水闸体系，他和队友跑遍了杏坛镇范围内大大小小23座水闸；第二年为了研究岭南特有的生态农业生产方式桑基鱼塘，他又和陈林一起跑遍了整个顺德，寻找存留至今的"桑园——鱼塘——农田——养殖"相结合的村庄。

热爱家乡的孩子不只有周强一个。蓝高龙老师带领的小组将镜头对准了岭南特有的民居镬耳屋，梁思艳老师的小组研究了水乡的古桥，范承国老师的小组则关心岭南一种特殊的天气现象"回南天"。第一期科学微电影班的师生对家乡的研究热情又带动了第二期师生，他们把家乡的传统文化搬出来研究了，还真研究得有理有据有看点。比如，李妍老师的小组揭秘"人龙舞"，杨华丽老师的小组大胆探索了"舌尖上的科学"，尝试解释了顺德著名甜品"姜撞奶"的做法。好的选题，好的作品，在宝星职校这样一个偏僻的农村职业中学层出不穷，他们每人都有一颗好奇的心，都有一双发现的眼睛，更有两只"剪刀手"，让我们能看到他们拍摄剪辑完成的"美丽的科学"。宝星职校第二期科学微电影班的学生已经携带作品飞抵美国参赛，第三期的师生又开始如火如荼地准备参赛作品了……

然而，引起我们注意的是这一间间形状奇怪的房子

粒粒种子　片片森林

中原腹地，人杰地灵。自古以来，中原就是兵家必争之地。中国有句古话"得中原者得天下"，目前地处中原的河南省人口已经超过了一个亿，怎样让沉重的人口负担变为得天独厚的人力资源？发展教育，尤其要发展科学教育。科学发现影像课程，俗称科学微电影课程，以指导学生完成科学探究项目、掌握拍摄剪辑技术、尝试脚本创作、体验出镜表达为主要教学内容。它不仅是经典的科技创新课程，更是融科学（Science）、技术（Technology）、工程（Engineering）、人文艺术（Art）、数学（Mathematics）为一体的经典 STEAM 课程。当科学微电影课程在各个学校开设的时候，它就像一粒粒生机勃勃的种子在肥沃的中原大地上生根发芽了。

郑州市中原区桐淮小区小学的张辉丽老师的科学微电影校本课程不同于以往的科学课，学生要做的不仅是几个简单的科学实验、观察并识记一些常见的科学知识及规律，而且要在老师的引导下，像科学家一样亲历科学探究的整个过程。科学探究课题选定以后，从专注地观察提问到大胆地猜想假设，从严密地计划组织到详尽地搜集事实与证据，学生们将整个过程用摄像机拍摄下来，并最终剪辑出一部 8 分钟的科学微电影短片来分享自己小组的科学发现成果。

科学微电影是一个培养人才的活动，更是一个发现天才的活动。郑州市中原区桐淮小区小学的左佑同学，长得虎头虎脑，一双乌溜溜的大眼睛特别机灵。他站在雪地上边观察灰喜鹊留下的脚印，边给观众介绍本地的冬季留鸟灰喜鹊，那侃侃而谈的派头，活脱脱就是一个荒野求生中的"贝爷"。左佑和他的队友高潼舒、路文萱三位同学以桐淮小学为中心，在方圆五公里范围内记录了 89 个呈不均匀分布、大小不同的鹊窝。夏天，为了拍摄到灰喜鹊捉大青虫、金龟甲、地老虎等精彩镜头，他们遭到蚊虫无数次叮咬。他们坚持写成功日记、整理当天的拍摄素材、撰写脚本、录制解说词、配乐……后期剪辑是一个漫长而又艰辛的过程，对他们来说也是

一个挑战，要把数万分钟海量般的素材剪辑成 8 分钟的科学微电影短片，小队员们经常会因为选用哪个镜头争得面红耳赤，但也会不时地为其他队员送上大拇指。

一分耕耘一分收获。2016 年 10 月，在美国波士顿举办的"第一届国际青少年科学发现影像大赛"中，他们拍摄的《长尾巴的灰喜鹊和喜鹊》在大赛现场进行了展播，并获得了优秀科学微电影作品一等奖。

科学微电影的每一个选题都和生活紧密联系在一起。鹤壁市淇滨小学的蓬爱华老师在自己的教学日志中写到：在我们的校园里，经常会看到一群孩子扛着摄像机对着一棵树、一朵花、一只蚂蚁兴趣盎然地拍摄着、专注地观察着、认真地记录着、兴奋地交谈着。这些

小小摄影师就是科学微电影社团的成员，他们正在拍摄自己的科学微电影呢！胡张朕同学有个疑惑，"塑料袋在地底下埋藏几十年都不能降解，塑料袋污染已经成为十分紧迫的环境问题，是否有一种吃塑料袋的生物呢？"他所在的科学微电影小组开启了探究之旅《吃塑料袋的怪物》。他们把目标对准了黄粉虫，

每天用摄像机记录着黄粉虫吃塑料袋的过程。另一个科学微电影小组的李志阳最喜欢吃莲藕，他发现藕被掰断后丝还连在一起。于是，他所在的小组试着拍摄了《藕断丝连》，尝试去揭开这些"丝线"不断的秘密。

开设"科学发现影像课程"的学校还有很多，他们的老师讲起自己学生的故事如数家珍。焦作市实验小学的何子奇同学头戴遮阳帽，不过他的帽檐却是朝后的，彰显着他与众不同的个性。他是第一个积极报名参加"科学微电影课程"的。上学期刚结束，他就和队友完成了作品《二维码的秘密》。下学期一开始，他被选为老师的小助手，指导和帮助其他研究小组完成作品。此外，还有安阳三官庙小学探究《光污染》的故事……这些探究故事虽然没有都收录进这两本书中，但是每部作品的探究过程都可圈可点，拍摄和剪辑都下了一番功夫，背后的创作故事更是感人肺腑。

当亲爱的青少年读者打开《透过镜头　放飞好奇》和《科学影像　点燃梦想》这两本书的时候，相信你一定随着小科学家们的镜头走进了他们的科学探究，你也一定希望像他们一样能够拍摄属于自己的科学微电影。那么，还犹豫什么？叫上三两个小伙伴，走进大自然，架起三脚架，打开摄像机，对准你的探究对象，开拍！如果你们拥有好奇的眼睛、科学探究的思维、不懈的努力，借助先进的数码影像技术，那么，相信你们一定能把自己的科学发现搬上荧幕！

正如《小学生学习报》的总编辑吕萌在序言中写到的"种下一粒种子，长成一片森林"，科学发现影像课程的种子已经种下了，祖国科学教育的森林一定会更加繁茂！

责任编辑:宰艳红

封面设计:张瑞萍　周方亚

责任校对:白　玥

图书在版编目(CIP)数据

科学影像　点燃梦想:"蓝鲸科学电影院"获奖作品评析/姜冬梅 主编. —北京:
人民出版社,2018.4

ISBN 978 - 7 - 01 - 018992 - 5

Ⅰ.①科⋯　Ⅱ.①姜⋯　Ⅲ.①科学知识-中小学-课外读物　Ⅳ.①G634.73

中国版本图书馆 CIP 数据核字(2018)第 035876 号

科学影像　点燃梦想

KEXUE YINGXIANG DIANRAN MENGXIANG

——"蓝鲸科学电影院"获奖作品评析

姜冬梅　主编　张红梅　刘海鹏　副主编

人民大版社 出版发行
(100706　北京市东城区隆福寺街 99 号)

北京汇林印务有限公司印刷　新华书店经销

2018 年 4 月第 1 版　2018 年 4 月北京第 1 次印刷
开本:787 毫米×1092 毫米 1/16　印张:7.75
字数:150 千字　印数:0,001-5,000 册

ISBN 978 - 7 - 01 - 018992 - 5　定价:48.00 元

邮购地址 100706　北京市东城区隆福寺街 99 号
人民东方图书销售中心　电话 (010)65250042　65289539